René Hüls
Opera Aperta

KERBER ART

Vorwort
Preface

„Wie man das Vorwort für einen Ausstellungskatalog schreibt“ [1] lautet der Titel eines Essays des postmodernen Philosophen und Schriftstellers Umberto Eco. Der Titel spielt mit der Erwartungshaltung des Lesers [2], der nachfolgend eine Anleitung zum Verfassen eines Vorwortes vermutet. Diese Erwartung bleibt im Textverlauf jedoch unerfüllt, denn Eco legt sein Augenmerk stattdessen auf das komplexe soziale Machtgefüge innerhalb dieser Textgattung. Er geht kritisch Fragen nach wie: Welche Bedingungen müssen erfüllt sein, um Autor eines Vorwortes zu werden? Welche Motivationen herrschen seitens des Künstlers[3] wie Autors vor? Welche Aufgaben hat der Text? Zunächst scheinen die Fragen harmlos und selbsterklärend.

Ecos Spektrum potenzieller Antworten geht jedoch über die offensichtlichen Antworten hinaus. Ihm zufolge ist die Bedingung, Autor eines Vorwortes zu werden, die Ausübung eines intellektuellen Berufs und eine gewisse Reputation mit geografischer Reichweite. Motivationen für Autor und Künstler können Teilhaberschaft auf ideologischer, ästhetischer und auch kommerzieller Art, Bestechung oder die Hoffnung auf Gegenleistungen sein. Die Antworten auf die Frage nach den Aufgaben des Textes können seiner Beschreibung nach vielfältige Hintergründe haben, wie beispielsweise die Hoffnung, mittels des Textes das weitere künstlerische Schicksal zu beeinflussen und vielleicht sogar die Notierungen auf dem Kunstmarkt zu erhöhen.

Ecos Ausführungen zu den offenen Geheimnissen des Kunstbetriebs machen bewusst, dass sich

‘How to Write a Foreword for an Exhibition Catalogue’[1] is the title of an essay by the postmodern philosopher and writer, Umberto Eco.The title, itself, plays with the expectations of readers[2] who assume that the subsequent text contains guidance on how to compose a foreword. In the course of the text, however, these expectations must remain unfulfilled. Instead, Eco devotes his attention to the complex social power structures characterizing the genre itself and critically addresses questions such as: What conditions must be fulfilled to become the author of a foreword? What are the predominating motivations on the part of the artist[3] and the author? Which tasks does the text have? These questions, seemingly harmless and self-explanatory at first, transcend the obvious when contextualized in the light of Eco’s spectrum of potential answers.

3

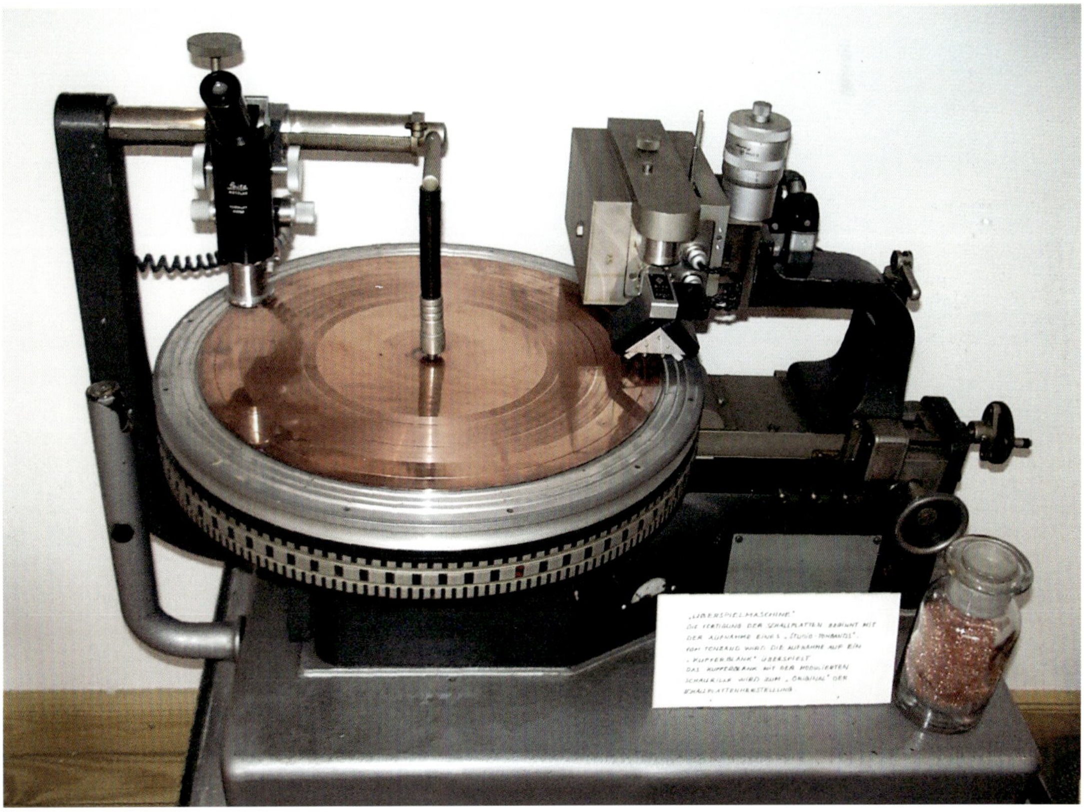

[1]

As Eco suggests, the prerequisite for becoming the author of a foreword is not only the pursuit of an intellectual profession but also an established reputation within a geographical region. And the motivations driving both author and artist may reflect an ideological, an aesthetic or a commercial partnership, or they may take the form of an act of collusion or may represent the hope of gaining some form of compensation. Following Eco’s account, any answer to questions concerning the tasks of a foreword must emerge from a variety of backdrops, including the hope that the text may influence artistic fortunes, or that it may increase official listings on the art market.

weder René Hüls als Künstler noch ich mich als Autorin diesen Mechanismen entziehen kann. Dennoch ist die Sensibilisierung auf das, was sich außer- sowie innerhalb des Textes befindet, zentral, um die eigene Stellung zu reflektieren, auch wenn es unmöglich ist, sich als Leser, Künstler und Autor von diesem sozialen Machtgefüge gänzlich zu befreien. Obgleich Eco vom Vorwort eines Ausstellungskatalogs schreibt und es sich hier um eine Publikation handelt, die nicht Resultat einer vorangegangenen Ausstellung ist, lassen sich viele Fragen und Antworten von Eco übertragen sowie weiterführende bilden. Ziel dieses Vorwortes kann entsprechend nicht die Suche nach einem Lösungsansatz für das mit Eco aufgeworfene Dilemma der Kunstwelt sein, sondern eine Annäherung an René Hüls' künstlerischen Impuls und dessen Kontext. Dieser Text stellt sich daher dem Versuch, ein Spannungsgefüge zwischen Hüls' zentralen künstlerischen Ansätzen greifbarer zu machen.

Die im Spannungsgefüge liegenden neuralgischen Punkte seiner künstlerischen Praxis befinden sich in einer flexiblen und sich überlagernden Gemengelage von Musik, Zeichen/Sprache sowie

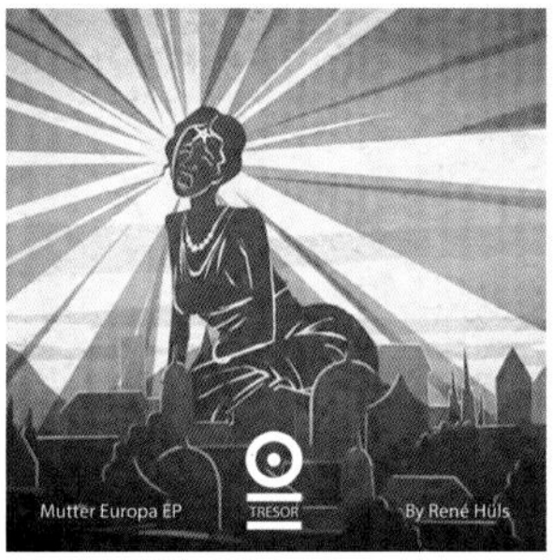

[2]

Gesellschaft/Kultur, welche in Bezug zu René Hüls' autobiografischen Hintergründen steht. Hüls' künstlerischer Impetus ist maßgeblich geprägt von der im Detroit der 1980er-Jahre entstandenen Technoströmung, die von DJ Juan Atkins beeinflusst wurde und sich später in Europa etablierte. Hüls wirkte in seiner Jugend daran aktiv mit. Unter dem Pseudonym DJ Plato legte er über zehn Jahre lang in legendären Technoclubs der internationalen Musikszene auf und gestaltete die subkulturelle Musikrichtung insbesondere im Grenzgebiet von Deutschland und der Schweiz mit. Die Schweiz spielt für die Entwicklungsphase der Technomusik in den 1990er-Jahren keine unerhebliche Rolle, ganz im Gegenteil: Die Schweizer Technokultur gehört seit 2012 offiziell zum immateriellen UNESCO-Kulturerbe[4]. Bevor Techno zu einer der größten Jugendkulturen heranwuchs, damit gesellschaftliche Anerkennung erlangte und folglich zunehmend der Kommerzialisierung anheimfiel, war die synthetische Tanzmusik zunächst eine Untergrundbewegung. Verlassene Bürogebäude und Industriehallen wurden zu Kulissen, in denen mit minimalen metallischen und repetitiven Klängen exzessiv experimentiert wurde. Als Konsequenz

In revealing these open secrets of the art world, Eco's statements make it clear that neither René Hüls as an artist nor I as an author can hope to escape such mechanisms. Nevertheless, a sensitisation to that which lies external and internal to the text is central to the act of reflecting upon one's own position, even if from this position as reader, as artist or as author, it may prove impossible to completely elude social power structures. Although Eco writes about the foreword of an exhibition catalogue, and in this text we are concerned with a publication not resulting from a previous exhibition, many of Eco's questions and answers still apply and warrant further development. That said, the purpose of this foreword cannot not be the search for a solution to the art world's dilemmas as raised by Eco but must rather be the attempt to come closer to the artistic impulse of René Hüls, including the context out of which this impulse emerges. Therefore, this text seeks to render the structural tension between Hüls' central artistic approaches more tangible.

Within the structural tension of René Hüls' artistic practice lie a series of neuralgic points which stand in relation to Hüls' autobiographical background, and which are arranged in a flexible and overlapping melange of music, of language and symbols, and finally, of society and culture. Hüls' artistic impetus finds decisive influence in a techno music style originating in 1980s Detroit. This style of techno, initially shaped by DJ Juan Atkins, went on to establish itself in Europe, where a youthful Hüls, under the pseudonym DJ Plato, actively participated in the then emerging scene. Hüls spent over ten years helping to shape the techno subculture in legendary techno clubs of the international music scene – particularly in those clubs located along the border region of Germany and Switzerland. Switzerland's role in the development phase of techno music in the 1990s was far from minor, and indeed, in 2012, Swiss techno culture received official UNESCO status[4] as an Intangible Cultural Heritage. Before techno achieved its status as one of the world's largest youth cultures – and in so doing simultaneously achieved widespread social recognition and an increasing commercialization – synthesised dance music was an underground movement. In this context, abandoned office buildings and industrial halls became backdrops for experimenting with minimal, metallic and repetitive sounds. As a consequence of the post-industrial era, characterised as it was by structural changes from a manufacturing to a service-based society, techno, as well as displaying a hedonistic event culture, also maintained a provocative socio-critical position. Post-industrial structural changes brought on powerful social transformations affecting both living and working environments, and out of these changes flowed future visions, both negative in outlook and dominated by fear. In this dystopian social debate, albums titles such as *The*

[3]

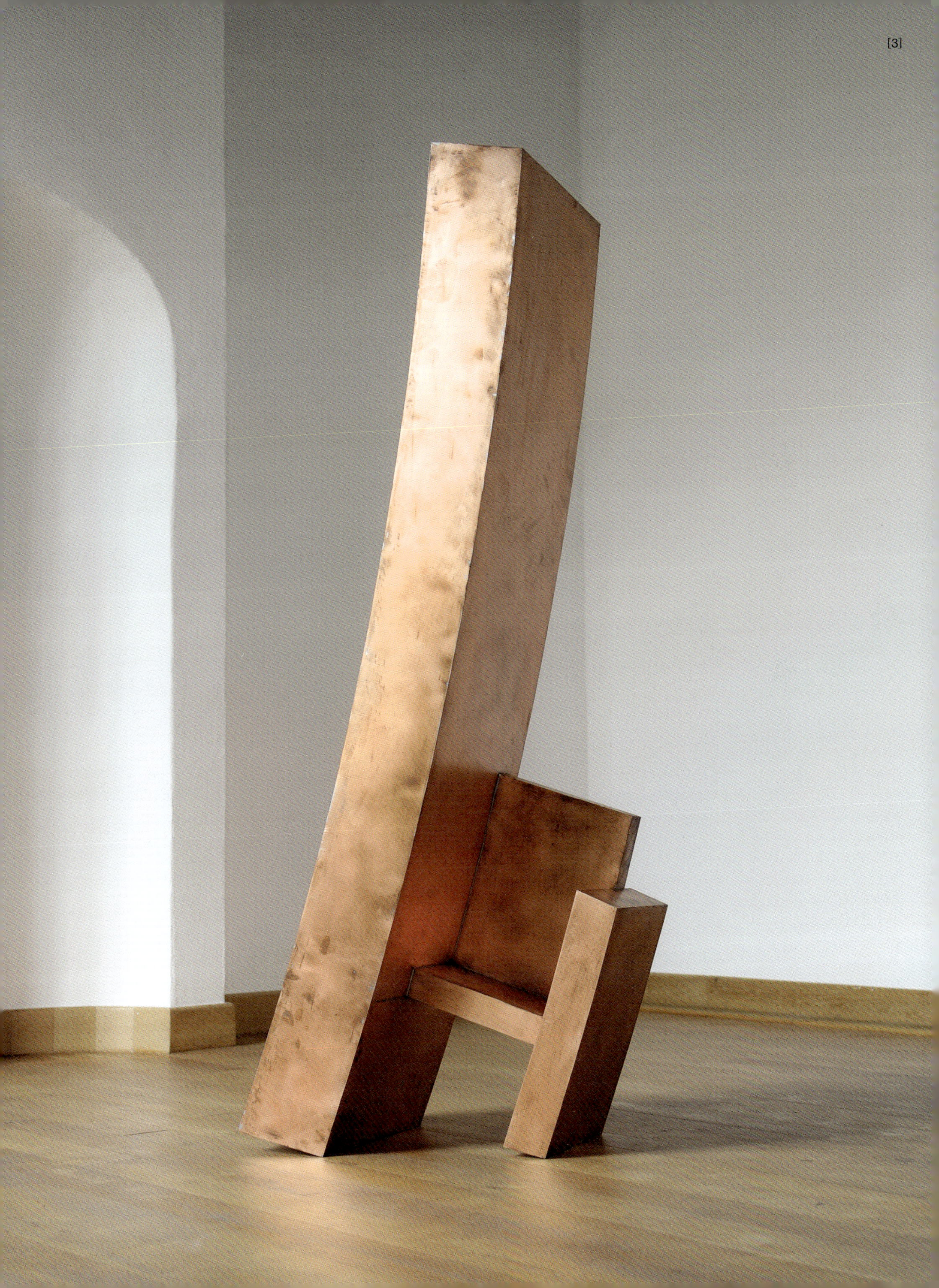

der postindustriellen Ära, welche den gesellschaftlichen Strukturwandel von einer Fertigungs- hin zu einer Dienstleistungsgesellschaft markiert, hatte Techno neben der hedonistischen Eventkultur auch einen sozialkritischen, agitatorischen Status. Auf den postindustriellen Strukturwandel folgten starke soziale Veränderungen für Lebens- und Arbeitswelt, die in negative Zukunftsvisionen und Ängste mündeten. In einer dystopischen Auseinandersetzung bezeugen Plattentitel wie *Mensch-Maschine*[5] oder *Computerwelt*[6] der Düsseldorfer Band Kraftwerk die zunehmende Technisierung der Lebenswirklichkeiten. Elektronische Musik ist folglich das Ergebnis einer geschichtlich und territorial, nämlich westlich, bestimmten Musikkultur, die von Hüls als „Variable der Zeit" gelesen wird und einen poetischen Diskurs zur Kritik der Kultur des Posthumanismus eröffnet.

Der Posthumanismus unternimmt den Versuch, den Menschen jenseits des Menschen zu denken.[7] Im gesellschaftlichen Korsett von stetiger Optimierungspraxis und Leistungsideologien, getrieben und verstärkt durch den digitalen Wandel sowie Globalisierung, verwundert es nicht, dass die Grenzen und Möglichkeiten des Menschen mittels aktuellster Technologien regelmäßig neu ausgelotet werden. Die Verbindung von Mensch und Maschine ist längst kein ungewöhnlicher oder bedrohlicher Gedanke, sondern Teil unserer alltäglichen Praxis. Kommunikationsprozesse sowie Informationspraktiken sind zunehmend ungebunden an den Menschen und verflüchtigen sich als binäre Zahlen, als entmaterialisierte Nullen und Einsen in einem undurchdringbaren Netz aus Informationsquellen und -kanälen. Die Ausrichtung dessen ist gelenkt durch wirtschaftliche und gesellschaftliche Normierungssysteme; ein Organisieren und Ordnen von Information führt unabwendbar zu einem Filterungs- und Kanalisierungsprozess, der Stör- und Rauschmomente zugunsten einer eindeutigen Entschlüsselung der Bedeutung von Information entfernt. In jenen „Übertragungsfehlern" sieht Umberto Eco – der uns am Anfang des Textes begegnete – eine Chance für die maximale Mehrdeutigkeit.

Die mehrdeutige Entschlüsselung von Informationen untersuchte Eco anhand von Literatur, Kunst und Musik in seiner Publikation *Opera Aperta* („Das offene Kunstwerk"), die Hüls als Referenz und Titel wählt.[8] Bei Eco können Kunstwerke geschlossen oder offen sein. Er spricht von Poetiken der Eindeutigkeit (geschlossen) und Mehrdeutigkeit (offen). Poetik versteht er im aristotelischen Sinne als das zweckgebundene Handeln im Unterschied zum selbstzweckhaften Handeln. Kunstwerke sind entsprechend per definitionem artifiziell und somit immer Teil einer Poeisis. Das geschlossene Kunstwerk hat eine eindeutige Lesart mit universal festgelegter Bedeutung – wie es laut Eco im Mittelalter bei allegorischen Darstellungen der Fall war –, wohingegen

Man-Machine[5] or *Computer World*[6], released by the Düsseldorf band Kraftwerk, testify to the increasing mechanization impacting many of life's realities. Electronic music is thus the consequence of a historical and a geographical, i.e., a western-influenced, music culture. This culture is read by Hüls as a 'variable of the time' and it opens a poetic discourse on the critique of the culture of posthumanism.

Posthumanism attempts to conceptualise of a human being beyond human beings.[7] And given the social corset of continuous optimization practices and performance ideologies – driven and reinforced as they are by digital transformation and globalization – it is hardly surprising to find that the latest technologies are regularly employed to test anew the limits and possibilities of human beings. The connection between man and machine is no longer considered an unusual or threatening idea but has rather become part of our everyday activity. As communication and information processes become increasingly disconnected from human beings, they dissipate into binary

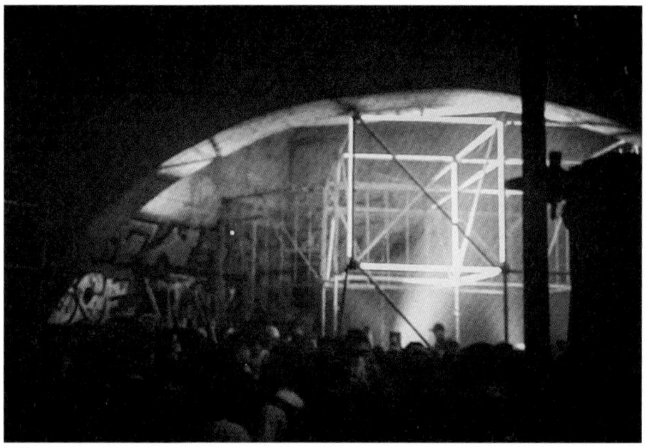

[4]

numbers and a slew of dematerialized zeros and ones within an impenetrable network of information sources and channels. These networks are arranged and guided by economic and social standardization systems and have the overall function of arranging and ordering this information. This, however, inevitably leads to a filtering and channelling process and the removal of any disrupting or interfering noise in favour of an unambiguous decoding of the meaning of information. It is in these 'transcription errors' that Umberto Eco, whom we encountered at the beginning of the text, sees an opportunity for achieving maximum ambiguity.

In his publication *Opera Aperta* (The Open Artwork), Eco explores, through means of literature, art and music, the ambiguous decoding of information. It is this process which Hüls chooses as reference and title.[8] Within Eco's framework, artworks can be closed or open, and in this regard, he speaks of a poetics of definiteness (closed) and a poetics of ambiguity (open). Poetics is to be understood here in its Aristotelian sense as a purpose-driven action rather than as an autotelic action. Artworks are accordingly artificial

das offene Kunstwerk mehrdeutig ist und einen Appell an den interpretierenden Rezipienten richtet: „Der Künstler, so kann man sagen, bietet dem Interpretierenden ein zu vollendendes Werk […].“ [9]

Die maximale Mehrdeutigkeit beschreibt Eco anhand des unerwünschten akustischen Phänomens des „weißen Rauschens“ [10], das bei der Überlagerung einer unbestimmten Frequenzsumme mit gleicher Leistungsdichte entsteht: „Und es stellt sich heraus, daß das weiße Rauschen, das logischerweise die höchstmögliche Information vermitteln sollte, überhaupt keine Information mehr enthält. Unser Ohr steht völlig hilflos da und kann nicht einmal mehr ‚auswählen‘.“ [11] Im Mehr der Mehrdeutigkeit, welches das weiße Rauschen produziert und gleichzeitig ist, hat der Interpretierende keine Orientierung. Diese

per definitionem and are thus always part of poeisis. The closed work of art has a clear interpretation with a universally-defined meaning – which Eco points out was also the case in the Middle Ages in regard allegorical representations – whereas the open work of art is ambiguous and appeals to the interpretive recipient: ‘In other words, the author offers the interpreter, the performer, the addressee a work to be completed.’[9]

Eco describes maximum ambiguity by means of the unwanted acoustic phenomenon of ‘white noise’[10], which results from the superimposition of undifferentiated frequencies possessing the same output densities: ‘...we will obtain “white noise”, the undifferentiated sum of all frequencies— a noise which, logically speaking, should give us the greatest possible amount of information, but which in fact

7

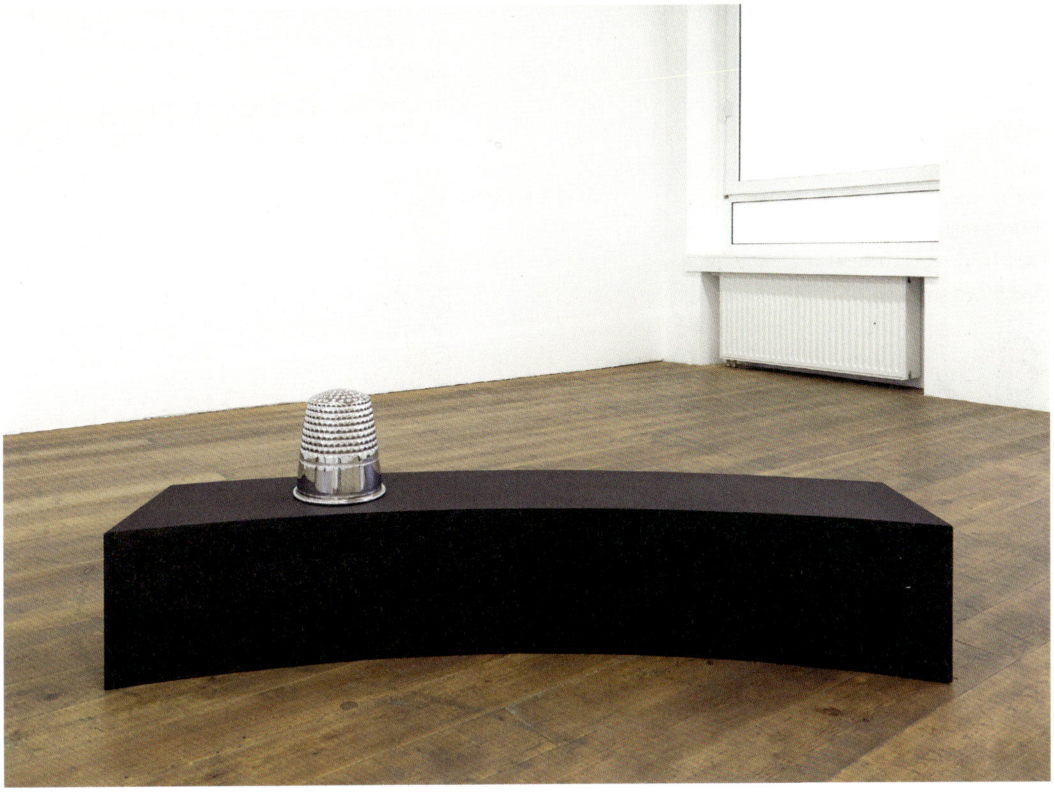

[5]

Schwelle markiert folglich den Übergang vom Informationsreichtum zum absoluten Informations- sowie Bedeutungsverlust. Somit verweist das weiße Rauschen nur auf sich selbst und auf nichts anderes, ist also kein Informations- oder Bedeutungsträger mehr. Das weiße Rauschen als System einer Autopoiesis – welches sich selbst erzeugt, organisiert und entsprechend selbstreferenziell ist – stellt für Hüls eine zentrale Denkfigur dar. Sie ist einerseits eine Klammer zur Monotonie der Technomusik, andererseits zu den Transformationen der Gesellschaft 4.0, öffnet und prägt als Metapher zahlreiche seiner Arbeiten.

In der Installation *Europa* kommt dieser Metapher ein großer Stellenwert zu: Auf einem mattgrauen Podest thront, monumental inszeniert, ein DJ-Plattenspieler, dessen Abtastnadel auf einer

gives us none at all. Deprived of all indication, all direction, the listener‘s ear is no longer capable even of choosing...’[11] In the increase of this ambiguity, which is simultaneously produced by and consists of white noise, the interpreter finds no orientation. This threshold thus marks the transition from an abundance of information to an absolute loss of both information and meaning. White noise refers purely to itself, and nothing else, and is thus no longer a transporter of information or meaning. As a system of autopoiesis, which is both self-generating and self-organizing, and consequently self-referential, white noise is a central concept for Hüls and opens a discussion, on the one hand, into the monotony of techno music, and on the other, into the transformations of Society 4.0 and, as a metaphor, shapes many of Hüls’ works.

rotierenden, kupferfarbenen Schallplatte aufliegt, der sogenannten Mutter. Die Abtastnadel umrundet in spiralförmig nach innen laufenden Bewegungen die Kupferplatte. In der letzten Rille angelangt, läuft die Nadel nicht wie üblich zum Beginn zurück, sondern verweilt in der sogenannten Endlosrille, in der sie monoton eine Sequenz endlos wiederholt. Die erzeugten akustischen Schwingungen sind nur subtil durch ein Rauschen wahrnehmbar. Die kupferne Mutterplatte steht am Beginn des Herstellungsprozesses von handelsüblichen Vinylplatten, den Söhnen. Die Mutterplatte und Söhne sind in Pressung und Rillenstruktur identisch, dennoch ist die Mutterplatte eine Art industrielles Artefakt, das die Reproduktion akustischer Signale erst ermöglicht. Bei Hüls' *Europa* stellt sich auf der Kupferplatte, die Informationsursprung ist, das poetische Moment von Informationsverlust ein – eine scheinbare Leerstelle, ein oszillierender übersinnlicher Zwischenraum. Hüls begreift die kaum wahrnehmbaren Signale der Kupferplatte metaphorisch als ein leises Klagelied um Europa: Europa als weibliche Figur der griechischen Mythologie, die von Zeus in Stiergestalt entführt wurde; Europa als historisch und kulturell, religiös gewachsenes Kontinentskonstrukt; Europa als politischer Zusammenschluss von

28 EU-Mitgliedstaaten. Die Denk- und Deutungsrichtungen lassen sich rhizomatisch ins Unendliche weiterführen, neue Kombinationsfelder öffnen und im unaufhörlichen Prozess der Rezeption austauschen. Der Appell an die Interpretierenden, das Kunstwerk zu vollenden – wie es Eco für das offene Kunstwerk beschrieb – offenbart sich vor allem im Gedicht auf der Podestfront, auf der in weißen Kapitallettern geschrieben steht:

DENN DA IST EINE LEISE STIMME

DIE DICH NICHT SIEHT

DU MUSST DEIN LEBEN ÄNDERN

Der Dreizeiler ist eine Referenz auf Rainer Maria Rilkes Sonett *Archaïscher Torso Apollos*. Dessen letzter Vers stimmt mit Hüls' Zeile überein: Ein unbestimmtes Ich fordert den Leser auf, das eigene Leben zu ändern.

Es ist nicht mehr der Urheber, der Autor, der Künstler, der die sinnstiftende Instanz für den Bedeutungsprozess bildet, sondern der Interpret, der Rezipient, der Leser, so lautet – zu kurz skizziert – eine der zentralen Thesen von Roland Barthes.[12] Diese kann sowohl auf Rilkes Endvers als auch auf Hüls' Arbeit *Europa* übertragen werden.

Mit diesem letzten Hinweis auf die eigene Stellung als sinnstiftende Instanz, die Ihnen als Leser und Betrachter zukommt, möchte ich Ihnen das Wort und die Stimme übergeben und dazu einladen, in das Geflecht der offenen Werke von René Hüls' Arbeiten einzutauchen.

In the installation *Europe*, this metaphor plays a major role. Staged in monumental fashion, a DJ turntable sits atop a dull grey pedestal, its stylus resting on a rotating copper-coloured record, the so-called mother. The stylus circles around the copper plate in spiralling inward movements. Arriving at the last groove, the needle does not return back to the beginning as per normal, but lingers in the so-called, endless groove, in which it monotonously repeats an endless sequence. The generated acoustic vibrations are discernible only as a subtle noise. The copper motherboard marks the beginning of the manufacturing process of what will become commercially available vinyl records, i.e., the sons. The mother plate and sons are identical in terms of pressing and groove structure, yet the mother plate is a kind of industrial artefact and makes the reproduction of acoustic signals possible to begin with. In Hüls' *Europe*, the copper plate, which is the source of information, is the poetic moment of information loss – an apparent void or an oscillating transcendental space. As a metaphor, Hüls conceives the barely perceptible signals of the copper plate as a soft lament for Europe: Europe as the female figure of Greek mythology who was abducted by Zeus in the shape of a bull; Europe as a historically-, culturally- and religiously-evolving continent construct; and Europe as the political grouping of 28 EU member states. Such lines of thought and interpretation can be continued in rhizomatic fashion into the infinite, can open up new fields of combination, and can exchange in a continuous process of reception. The appeal to the interpreter to complete the work of art – as described by Eco in the case of the open work of art – is revealed, above all, in the poem written in white capital letters on the front of the podium:

DENN DA IST EINE LEISE STIMME
(For here is a quiet voice)
DIE DICH NICHT SIEHT
(Which doesn't see you)
DU MUSST DEIN LEBEN ÄNDERN
(You must change your life)

This three-line verse is a reference to Rainer Maria Rilke's sonnet, *Archaic Torso Apollos*, and Hüls' words accord perfectly with the last verse in Rilke's sonnet in which an indeterminate 'I' challenges the readers to change their lives.

It is no longer the creator, the author, or the artist who forms the meaningful authority for the process of meaning but rather the interpreter, the recipient and the reader. This reflects a central thesis of Roland Barthes[12] – too briefly sketched – and may be transferred to Rilke's end verse as well as to Hüls' work, *Europe*.

With this final reference to the position of meaningful authority accorded to you as reader and viewer, I would like to hand over both word and voice to you and to extend the invitation to immerse yourself in this network of open works by René Hüls.

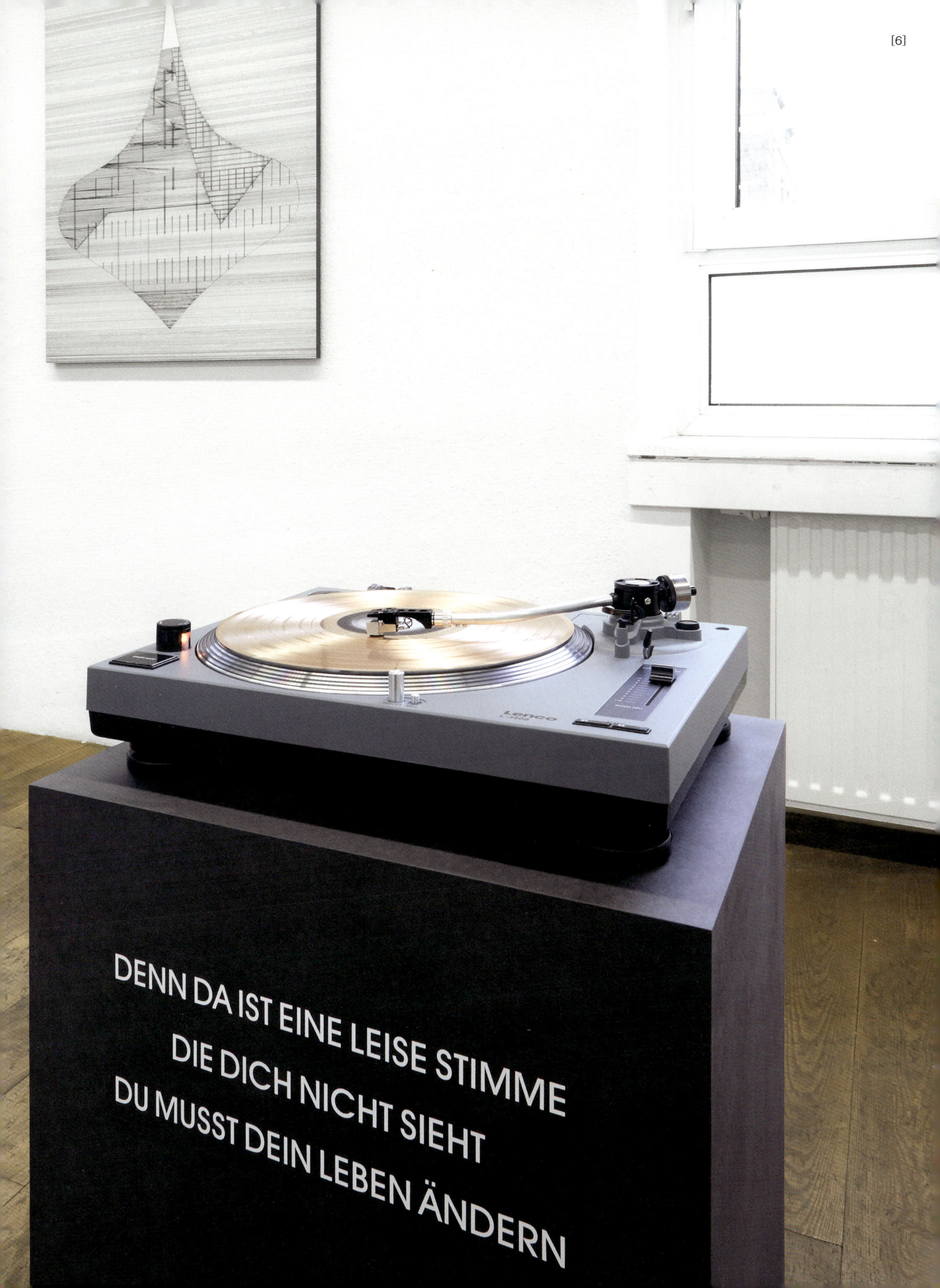
DENN DA IST EINE LEISE STIMME
DIE DICH NICHT SIEHT
DU MUSST DEIN LEBEN ÄNDERN

Eine Blume für Abschied und Anfang

A Flower for Farewells and Beginnings

Woran erkennt man eine Zeitenwende? Wie bemerkt man eine Epochenschwelle? Gibt es wahrnehmbare Zeichen für den Wandel von einem Zeitalter zum nächsten?

Mit einer kontinuierlich gewachsenen stilistischen Pluralität, technologischem Optimismus und der Intertextualität im Sinne von Sampling – der Zusammensetzung von zitatartigen Fragmenten aus verschiedenen, bereits fertigen Tonaufnahmen zu einem neuen Track – bezeichnet Techno laut René Hüls eine spezifische postmoderne Kulturszene, deren Zeit, so sein Fazit, „einfach vorbei" ist. Damit diagnostiziert er das Ende einer Epoche – eine Epoche, die geprägt ist vom Konstruktivismus, und die zur digitalen Revolution und den damit verbundenen Utopien geführt hat. Seine Feststellung stimmt mit der heutigen Tendenz überein, die Wahrheit neu zu definieren. Diese wiederum weist auf eine nächste Entwicklungsstufe hin. Er betrachtet das analoge Zeitalter als eine historische, in sich abgeschlossene Ära. Seine Beobachtung basiert auf der Tatsache, dass der Künstler nicht nur als Rezipient dieser Musikrichtung, sondern auch als Akteur der internationalen Technoszene aktiv war: Hüls legte über mehrere Jahre hinweg als Techno-DJ Schallplatten auf, bevor er sich der Kunstwelt zuwandte. 2005 wurde der Berliner Techno-Kultclub Tresor[13] geschlossen. Heute versteht der Künstler die Schließung von Technoclubs der Gründergeneration und die uns fremd gewordene, überholte Technotechnik der frühen Phase als das Ende der Technogeschichte und damit als Abschied vom analogen Zeitalter. Immer noch fasziniert von der ab Mitte der 1980er-Jahre in Industriemetropolen wie Frankfurt entstandenen Technoszene resümiert der Künstler nostalgisch seine Gedanken über diese Subkultur und integriert die innovativen Ideen der

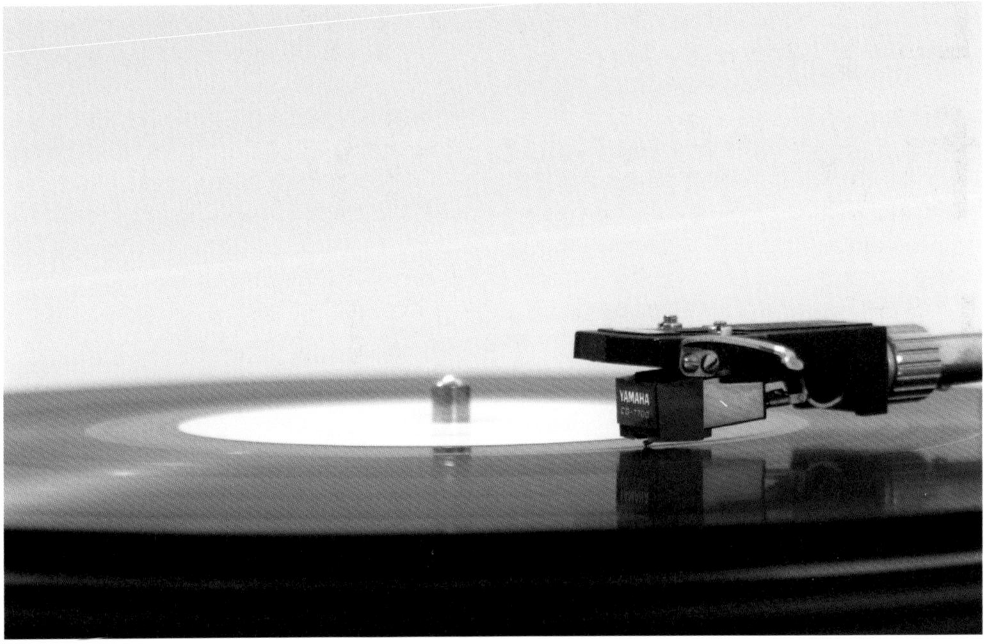

[7]

How can the dawn of a new era be recognized? How might we sense we are on the threshold of a coming epoch? Are there signs which mark the transition from one age into another?

With its continuously growing stylistic plurality, its technical optimism, and its intertextuality in the form of sampling – the compiling of quote-like fragments from already-completed recordings into new tracks – techno, according to René Hüls, signifies a specific postmodern cultural scene. And on his reading, a scene, whose time 'is simply over'. In this way, Hüls diagnoses the end of an epoch; an epoch influenced by constructivism, and one which has led to the digital revolution and its associated utopian claims. His statement is consistent with a modern tendency to seek a redefinition of the truth, an act which in itself points in the direction of a next evolutionary stage. Hüls regards the analogue age to be a historically self-contained era. These observations are based on his active participation both as a consumer of the techno musical genre, and as a protagonist working within the international techno scene itself. Indeed, Hüls spent several years working as a techno DJ before turning his attention to the art world. In 2005, the Berlin techno-cult club, Tresor[13], was closed. Today Hüls understands the closing of those early clubs of the founding generation, along with the outdating of the seemingly alien-like equipment of techno's early phase, as the end of techno-history and as a farewell signal to the end of an era. Although still fascinated by the mid-1980s techno scene emerging in industrial cities such as Frankfurt, the artist sums up his thoughts on the subculture nostalgically and integrates the innovative ideas of techno music – futuristic, minimal, repetitive and mathematical – uncompromisingly into his art.

Technomusik – futuristisch, minimal, repetitiv und mathematisch – kompromisslos in seine Kunst. Hüls kreiert eine Blume für den Übergang. Diese Blume entsteht aus analogen Verfahren und Arbeitsprozessen. Sie markiert das Ende dieses Zeitalters und schlägt aufgrund des Motivs – Blume – eine Brücke zur Natur, zur Romantik.

Das Werk *Industrie Instrumente* stellt eine Klanginstallation dar, die zusammengesetzt ist aus einer monumentalen Blume und einem schwarzen, weiß beschrifteten Kubus mit einem darauf installierten Plattenspieler. In jedem Blatt der Blume befinden sich zahlreiche mit Schrauben befestigte Membran-Lautsprecher. Dieses Werk verleiht, anders als die meisten anderen Klangkunstwerke, der Stille eine Stimme. Der durch die Lautsprecher abgespielte Sound aus dem Plattenspieler ist nur schwer wahrnehmbar. Zwischen Stille und Schleifgeräusch – erzeugt von feinsten Staubkörnern unter der Nadel – ist der Ton das Letzte, das aus der in sich zurückführenden Endlosrille wispernd zu vernehmen ist. Jedoch gewinnt dieser Nicht-Sound im Kontext des Werkes eine ganz andere Bedeutung. Der Ton signalisiert zunächst in seiner Informationslosigkeit eine Leere, welche die Idee des Künstlers aufnimmt und das Ende eines Zeitalters widerspiegelt. Dieses Werk beinhaltet in seinem Schweigen eine neue Stimme, eine Leerstelle für eine Zukunftsvision. Dabei erinnert die für den Übergang geschaffene Blume in *Industrie Instrumente* an die Textstelle von Thomas Mann aus seiner letzten abgeschlossenen Erzählung *Die Betrogene*[14]:

„Ist es nicht merkwürdig […], wie er [der Frühlingskrokus] der Herbstzeitlose gleicht? Es ist ja so gut wie dieselbe Blume! Ende und Anfang – man könnte sie verwechseln, so ähneln sie einander, – könnte sich in den Herbst zurückversetzt meinen beim Anblick des Krokus und an Frühling glauben, wenn man die Abschiedsblume sieht.“

Hüls has created a flower for the transition. Emerging out of analogue methods, this work marks the end of an age and creates through its motif – a flower – a bridge to nature and to romanticism.

The work *Industrial Instruments* encompasses a sound installation consisting of a monumental flower and a black cube inscribed in white, atop of which sits a turntable. Within each leaf of the flower, numerous screw-mounted membrane speakers can be found. However, in contrast to typical sound art, Hüls' work imparts a voice to the silence. Originating from the turntable, a barely perceptible sound emerges from the speakers – a sound which carries no audio signal. Existing somewhere between silence and the slightly abrasive noise produced by fine dust grains under the needle, this sound is the last one to be whisperingly heard as the final groove returns endlessly into itself. In the context of the work, this non-sound attains a very different meaning. Bereft of any information, it signals an emptiness that captures a depiction of the artist's primary idea, and in doing so, reflects the end of an age. In its silence, this work carries within it the facility for a new voice; a blank space for a vision of the future. The flower *Industrial Instruments* created specifically for the transition, recalls a passage from Thomas Mann's last completed story *The Black Swan*[14]:

'Isn't it remarkable […], 'how much they [the Spring crocuses] resemble the autumn colchium? It's practically the same flower! End and beginning – one could mistake them for each other, they are so alike – one could think one was back in autumn in the presence of a crocus, and believe in spring when one saw the last flower of the year.'

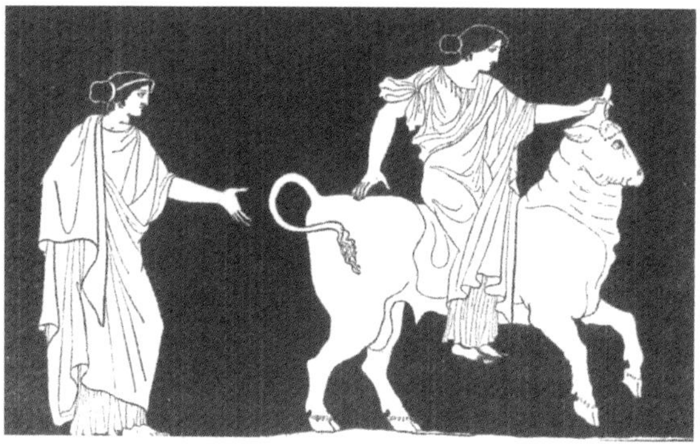

[8]

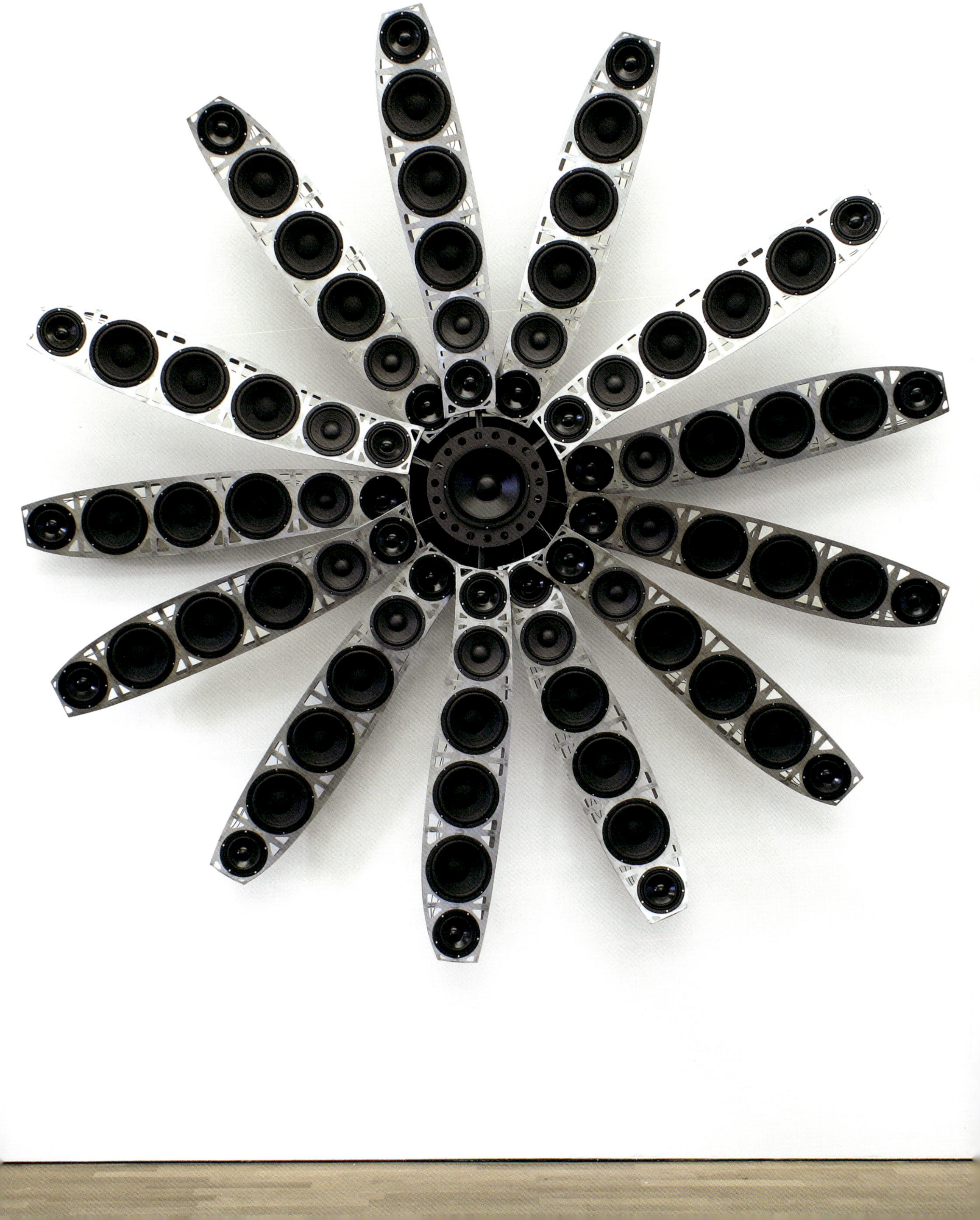

14 *Communication and Culture*

Ausstellungsansicht Parkhaus im Malkastenpark Düsseldorf, 2016

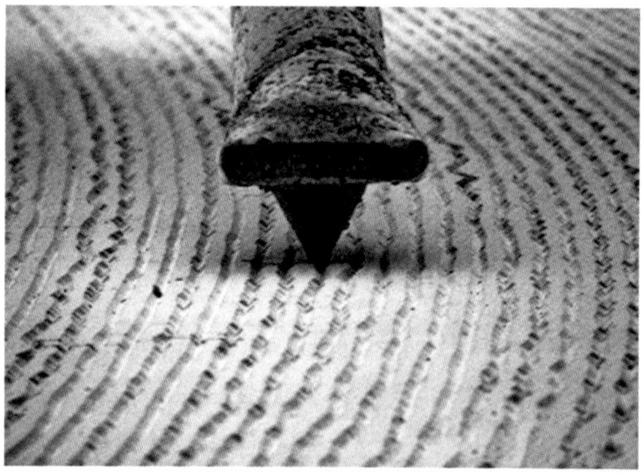

[10]

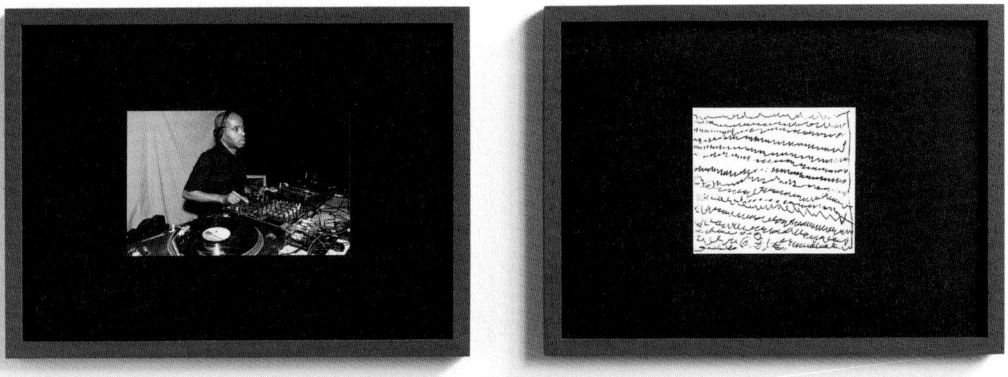

[11]

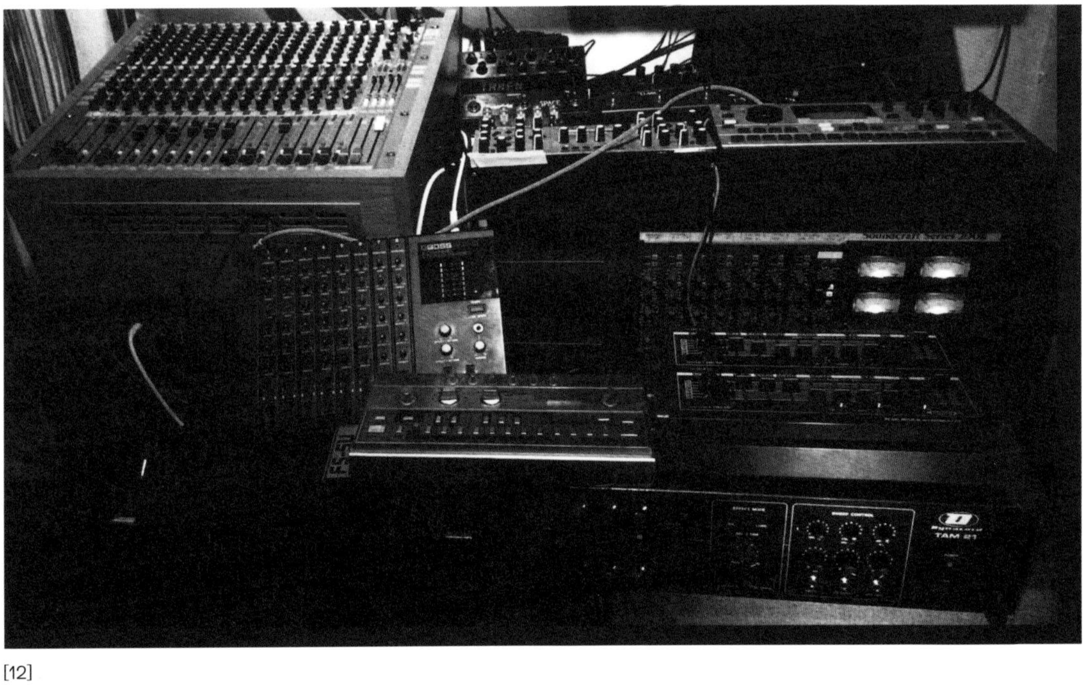

[12]

16

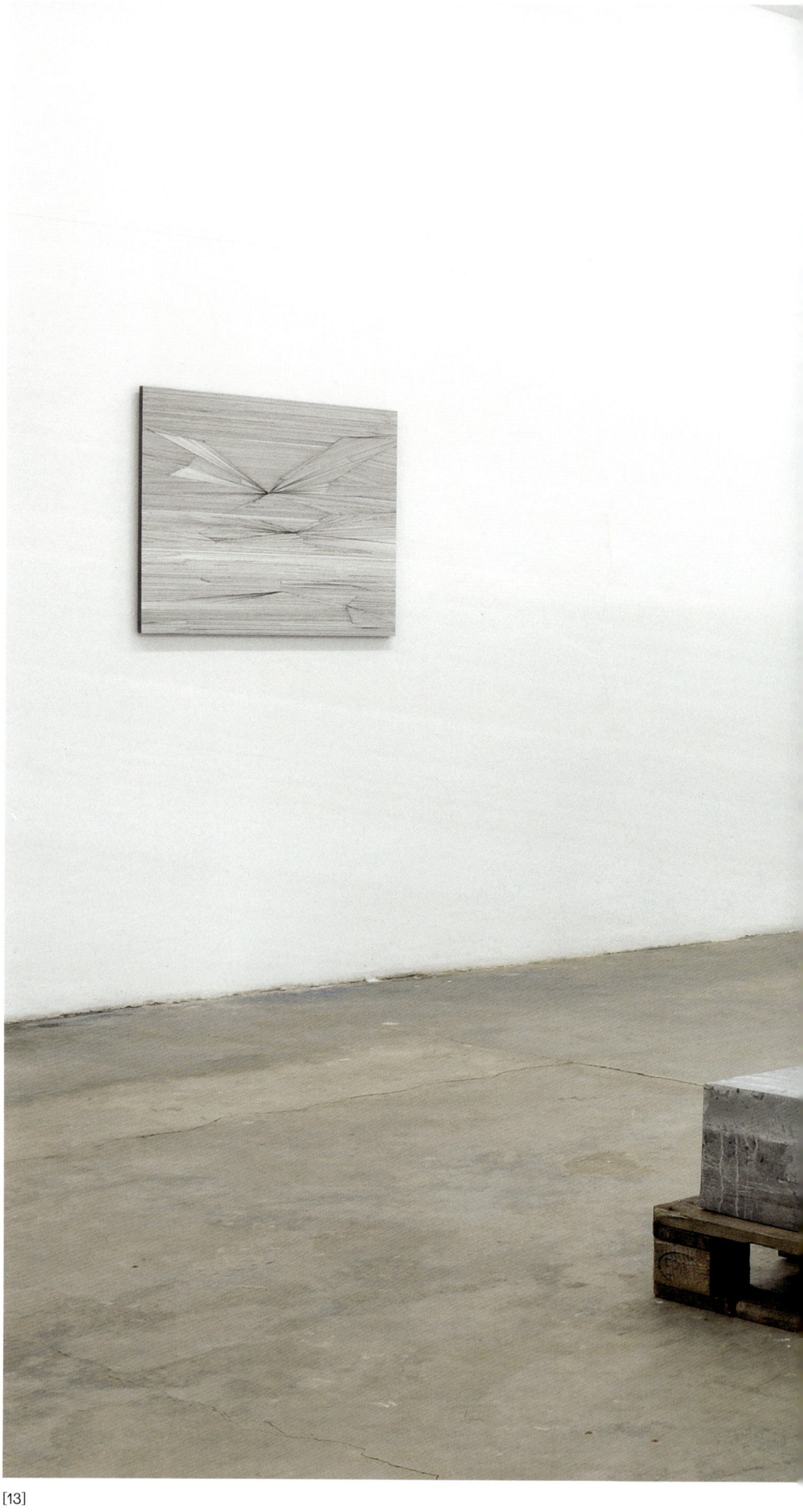

[13]

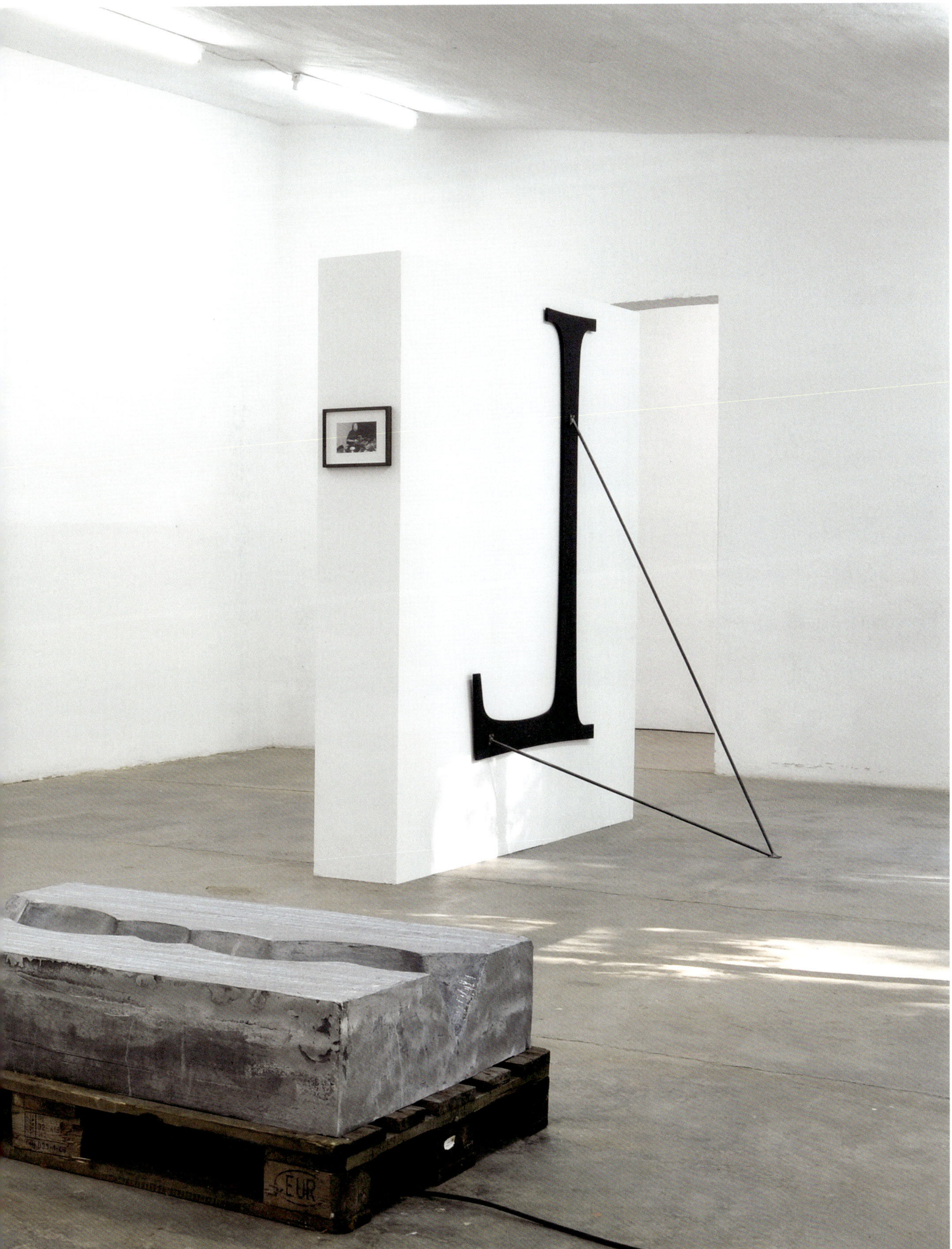
EUR

18 *Klangkörper*

Ausstellungsansicht Antichambre Hotel Friends Düsseldorf, 2016

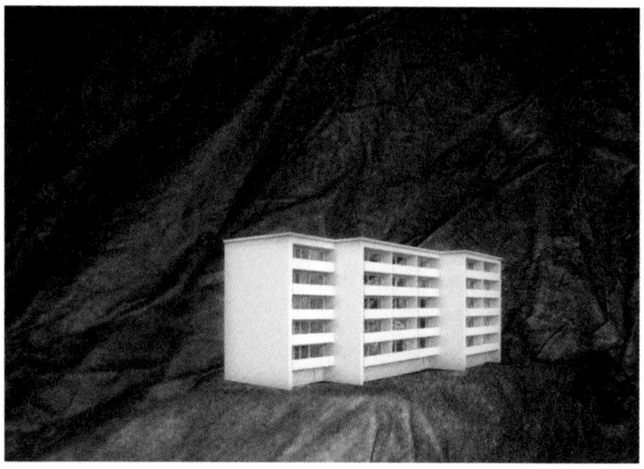

[14]

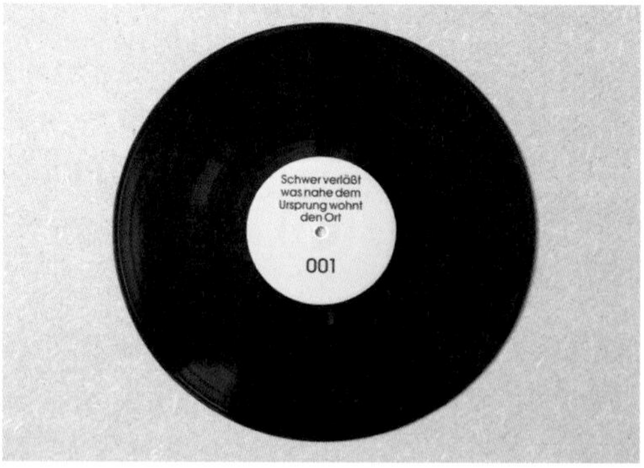

[15]

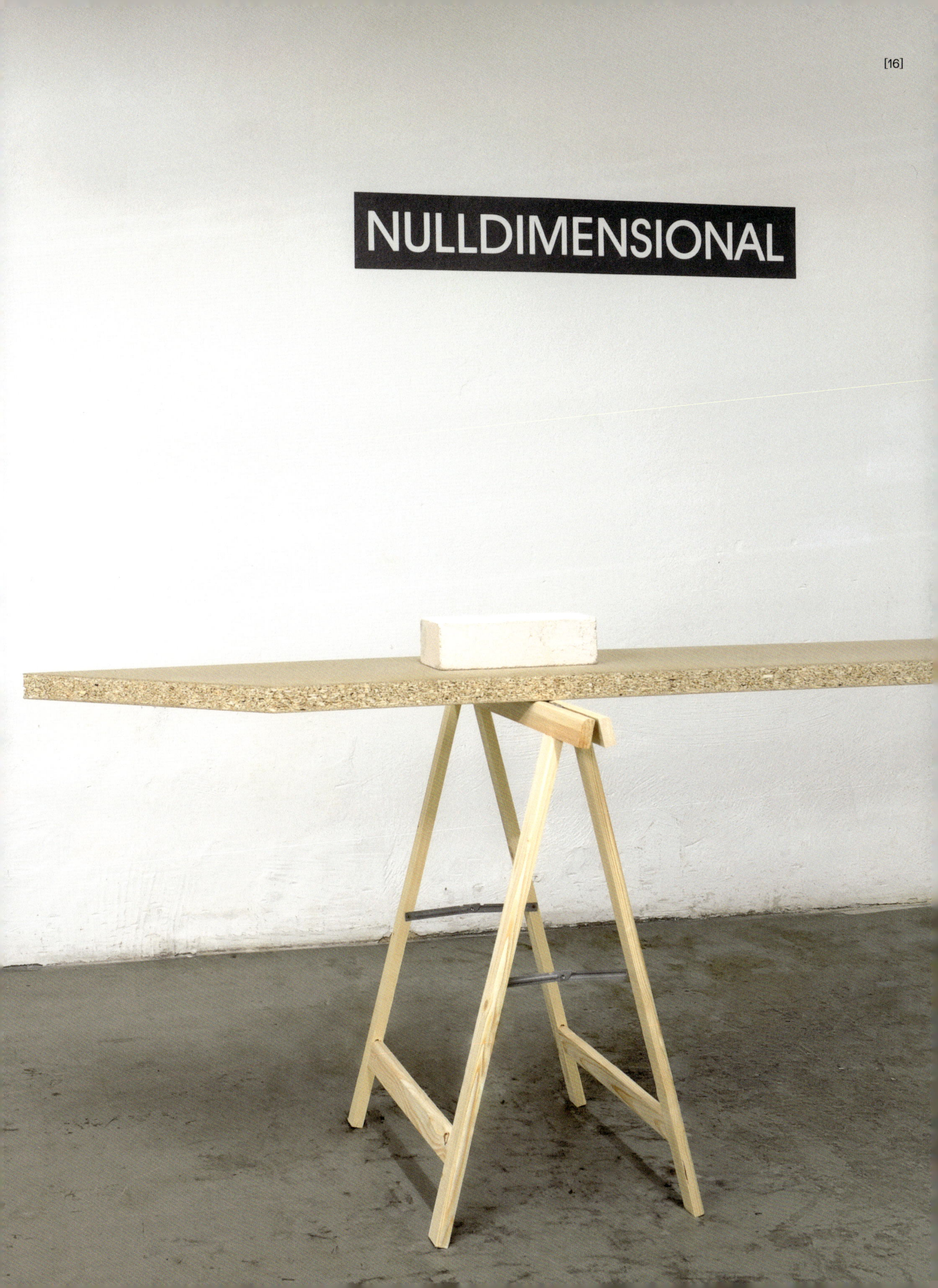
NULLDIMENSIONAL

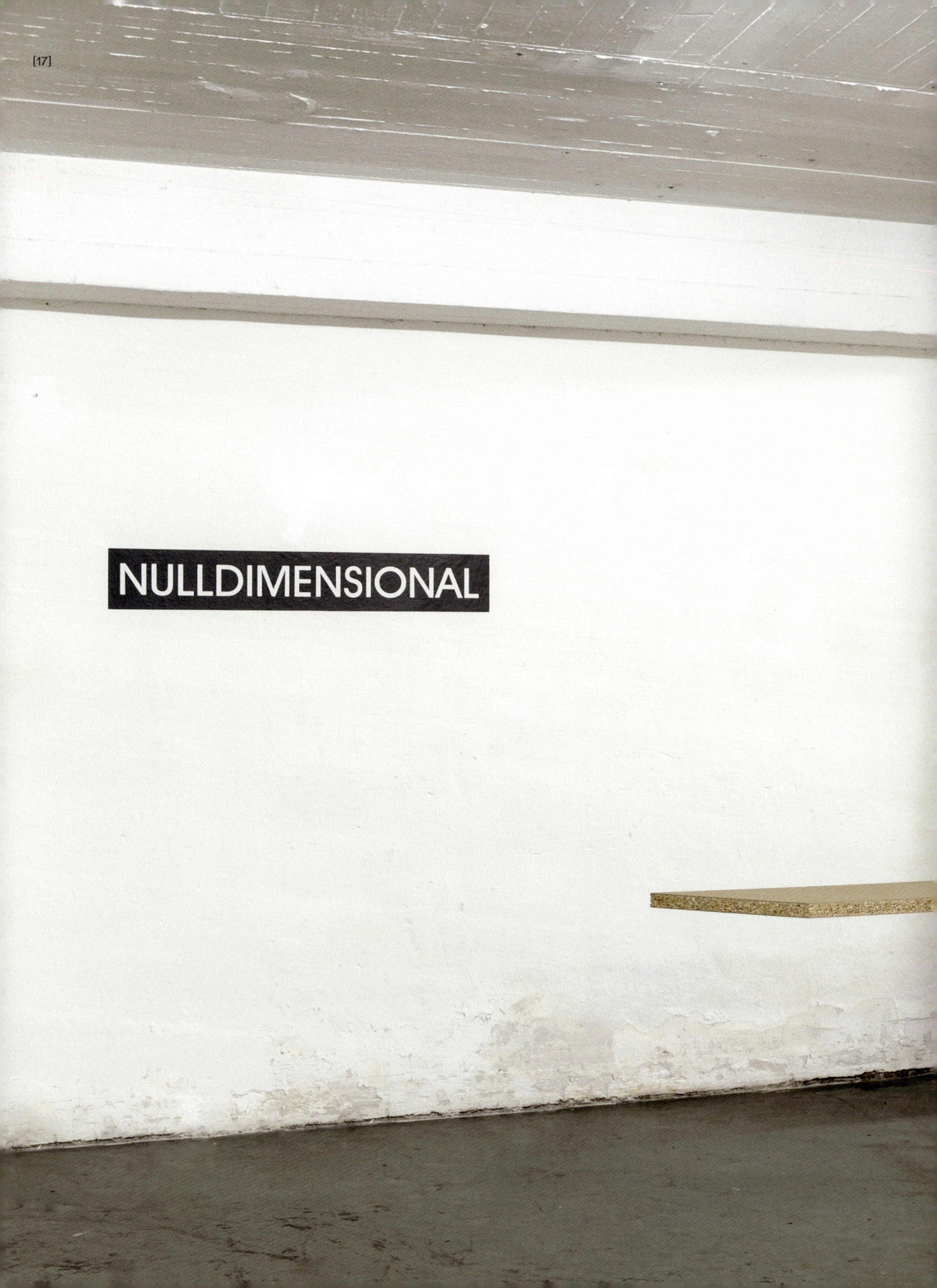
NULLDIMENSIONAL

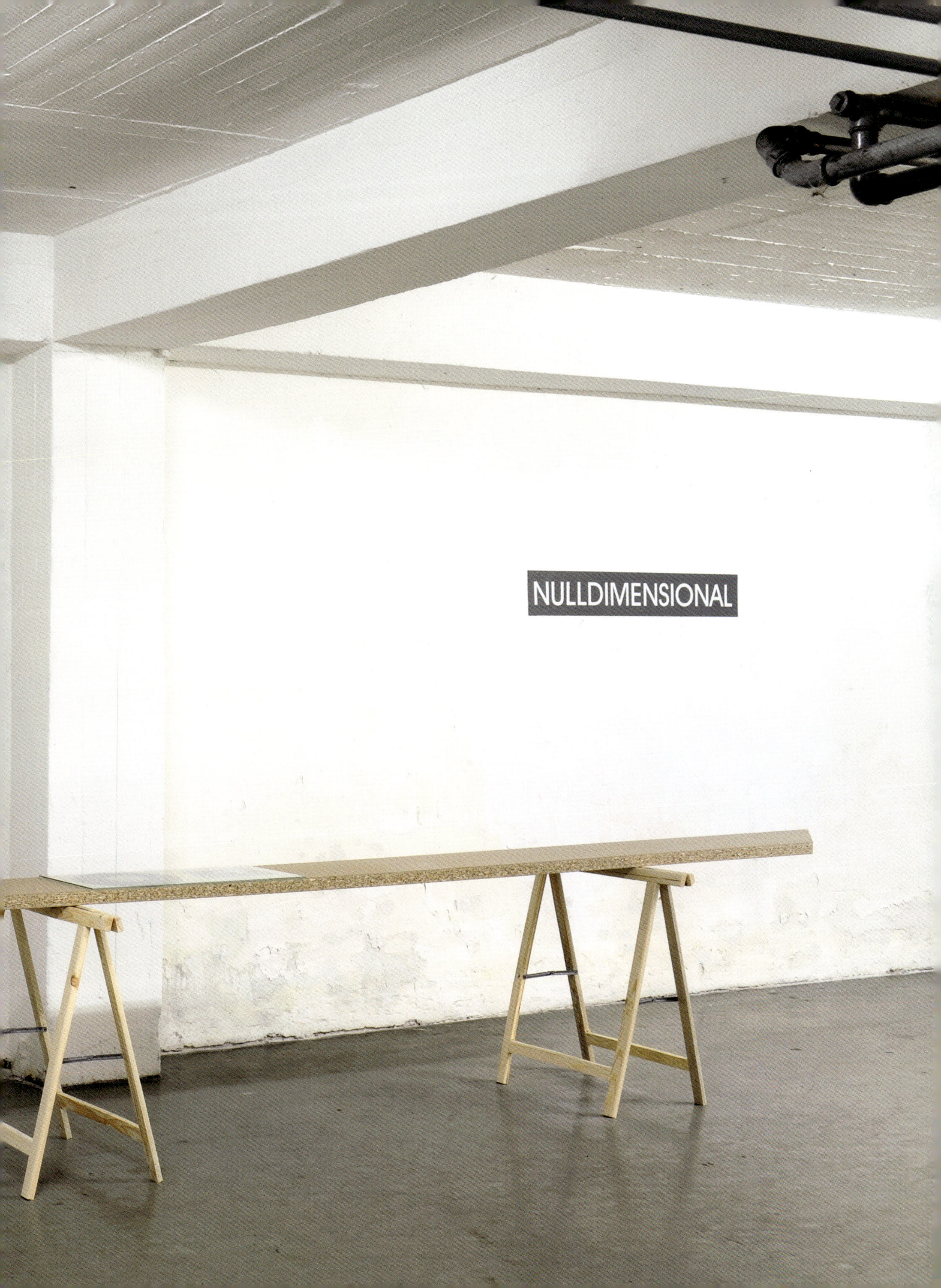
NULLDIMENSIONAL

22 *Strauss ist raus*

Ausstellungsansicht Kunstverein 701 e. V. Düsseldorf, 2017

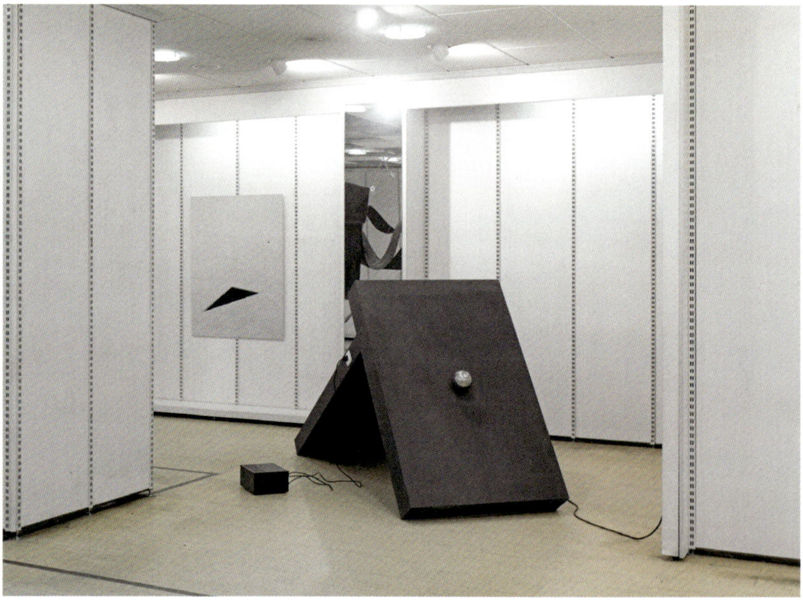

[18]

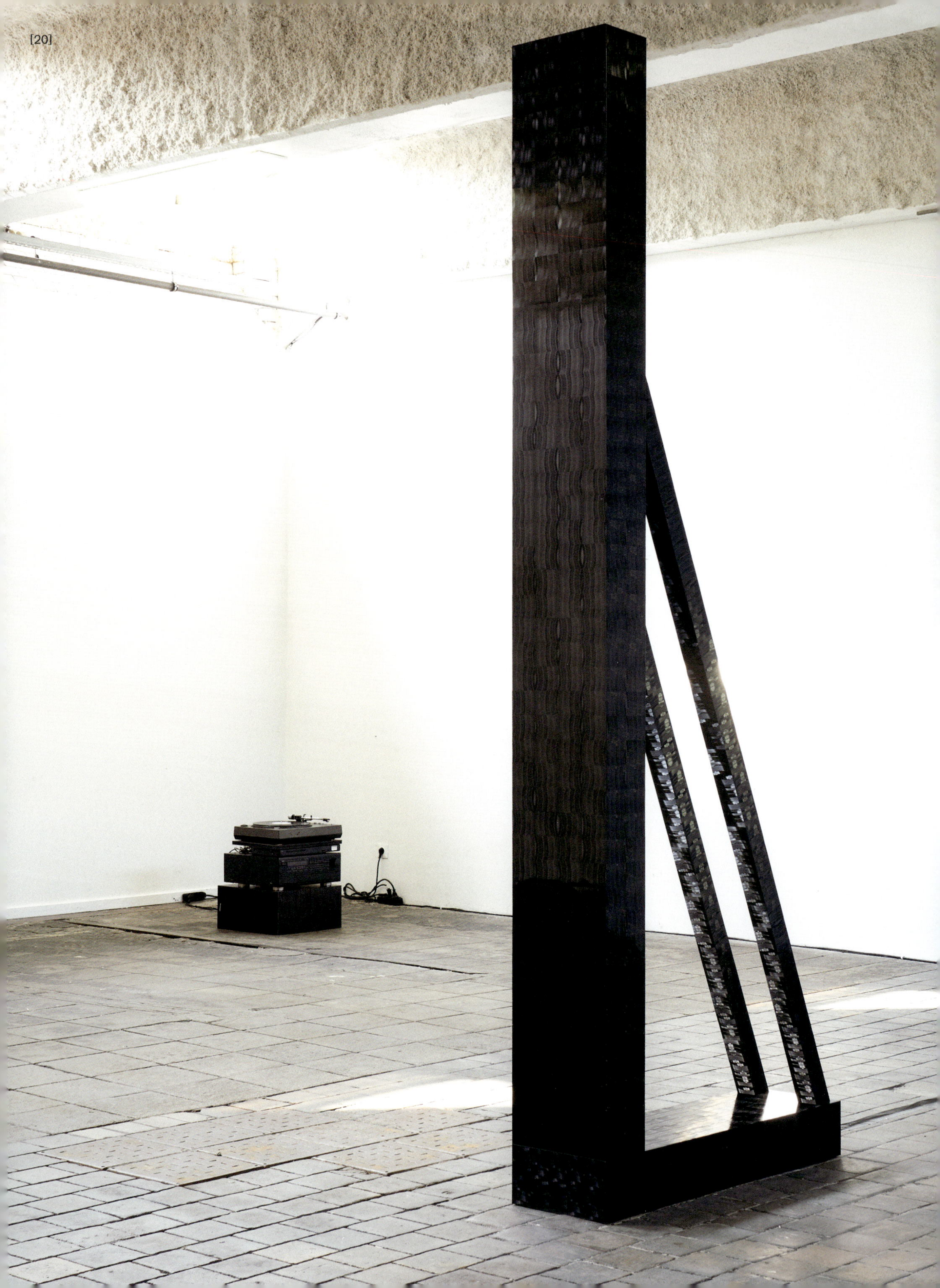

25 *Daily Sounds All Around*

Ausstellungsansicht Weltkunstzimmer Düsseldorf, 2015

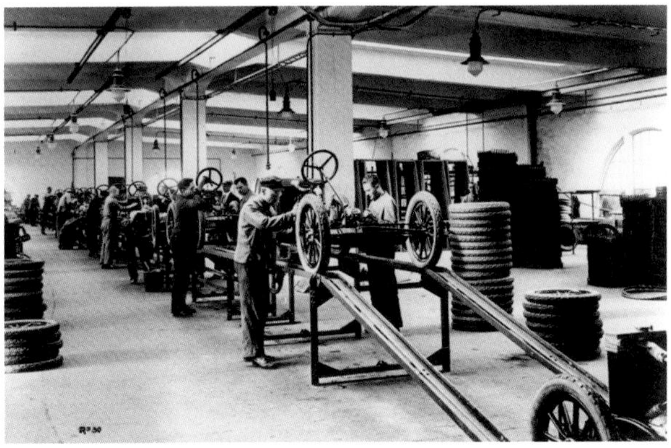

[21]

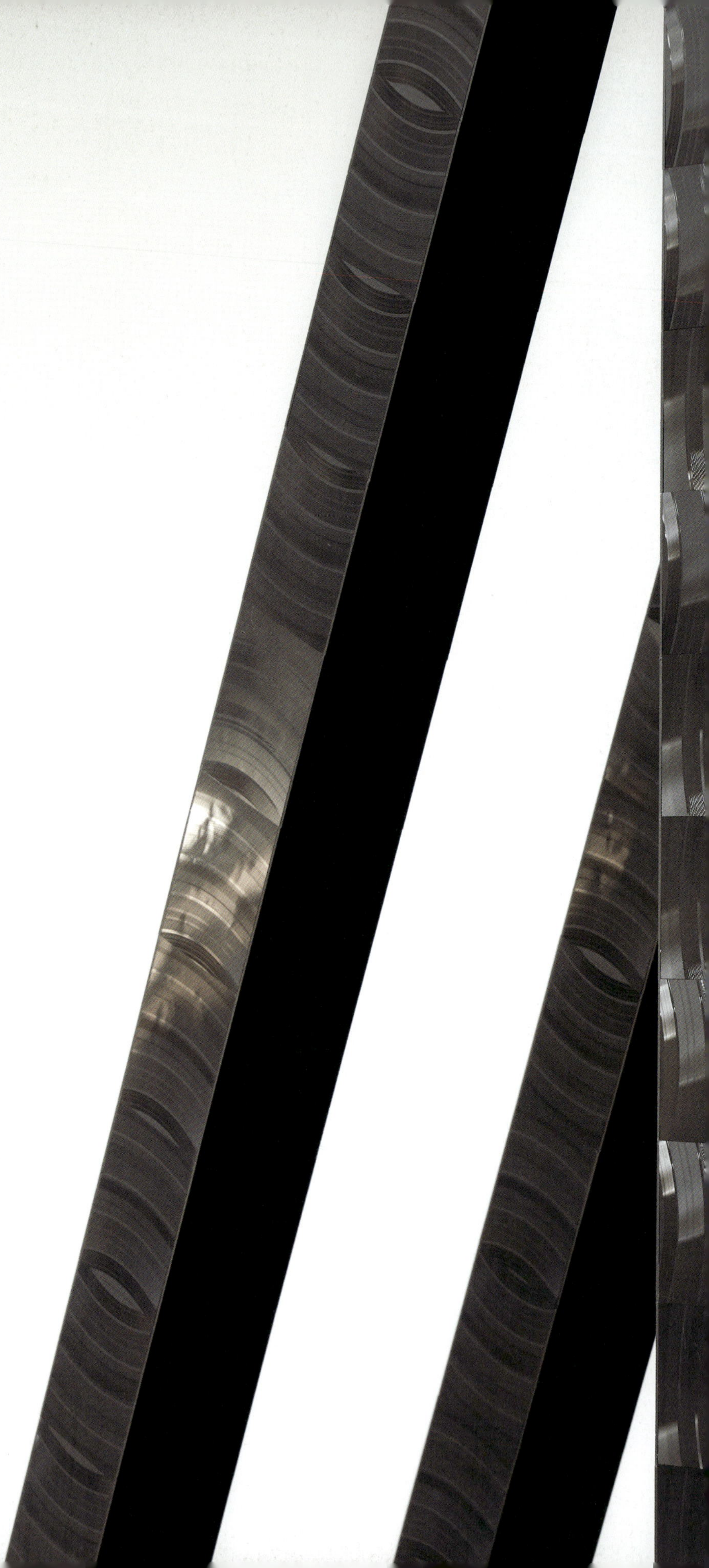

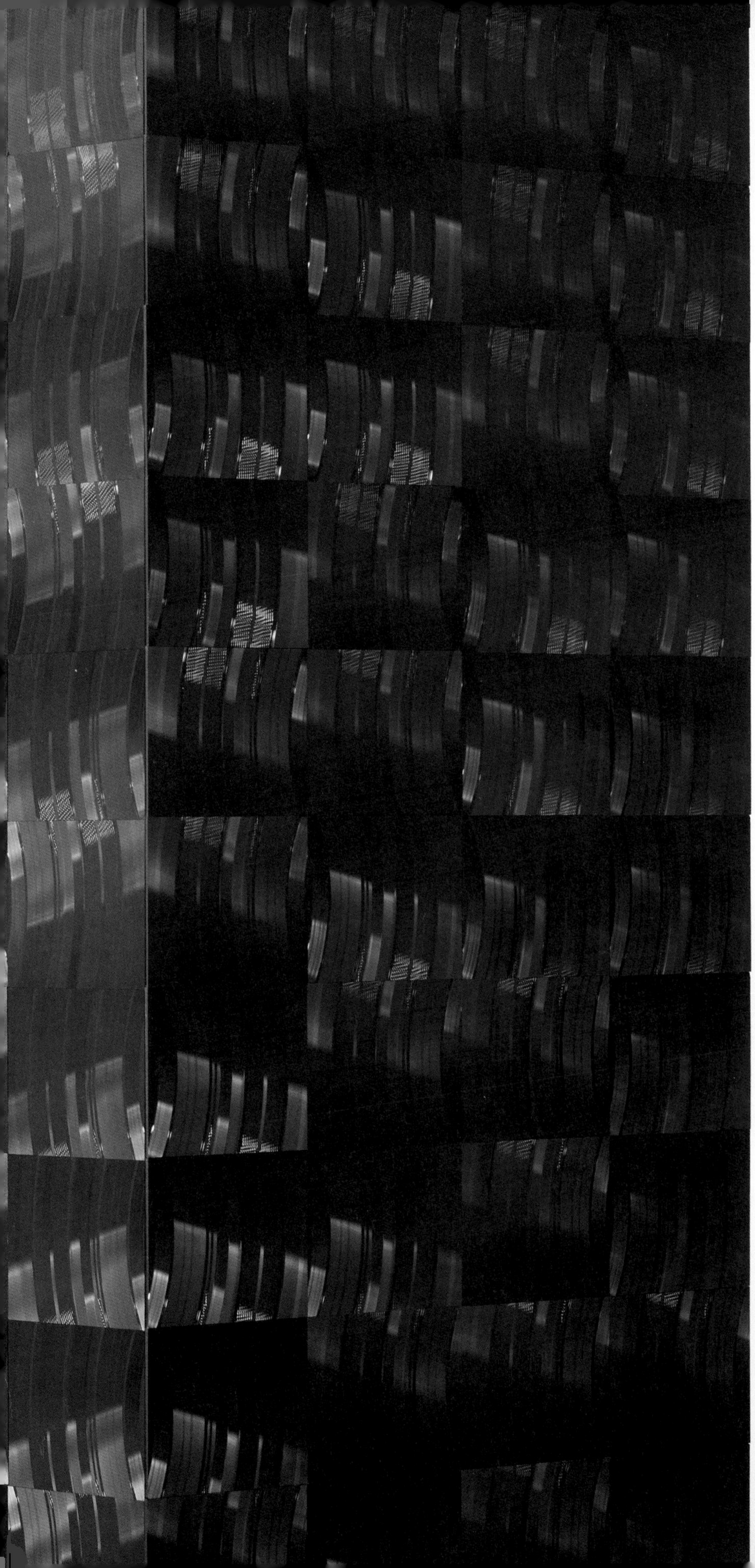

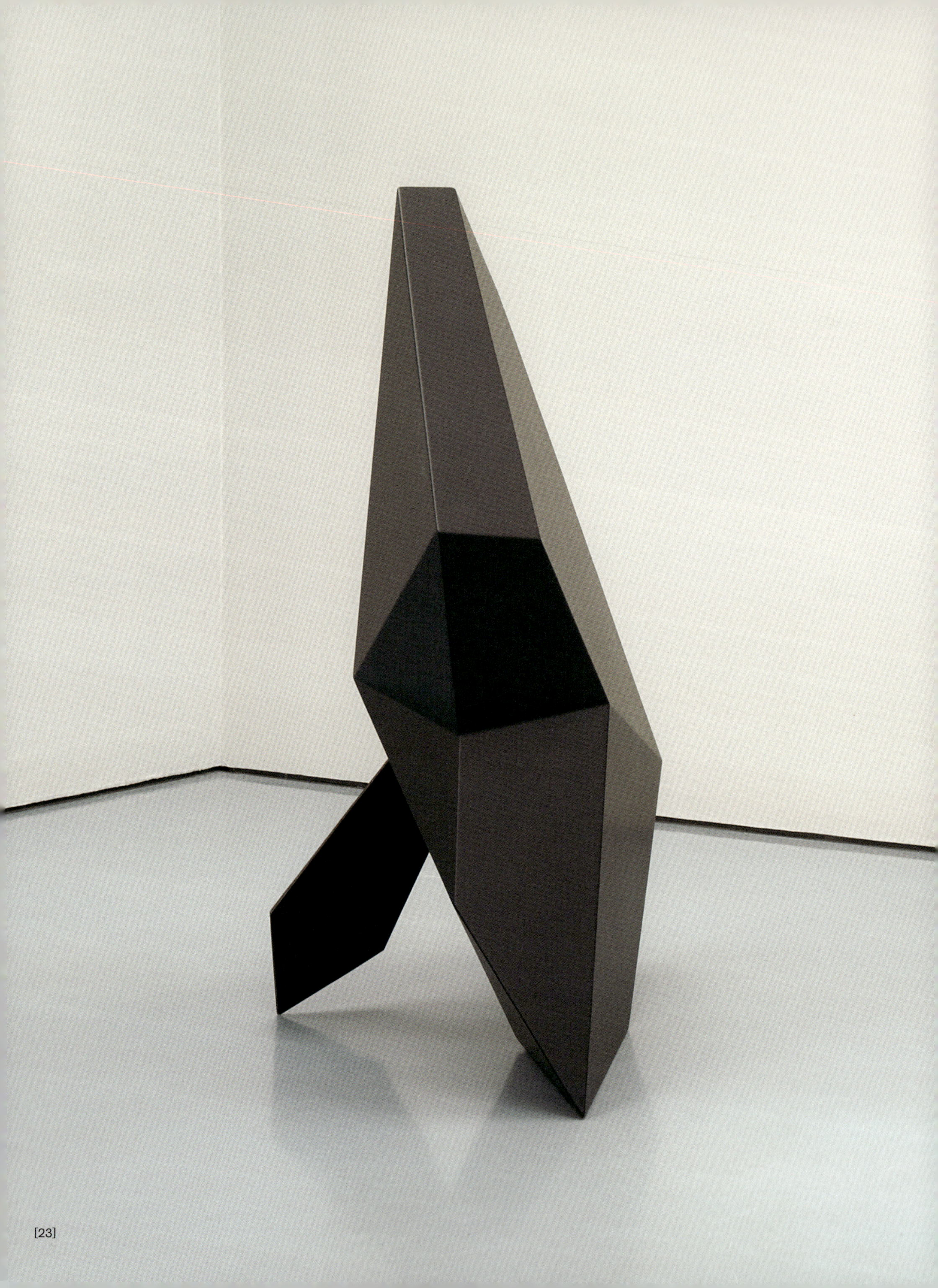

29 *DIE GROSSE Kunstausstellung NRW*

Ausstellungsansicht Museum Kunstpalast Düsseldorf, 2017

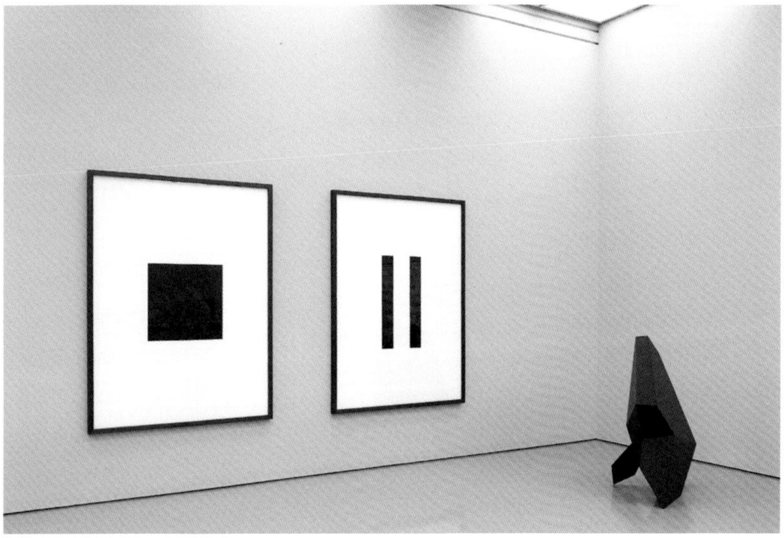

[24]

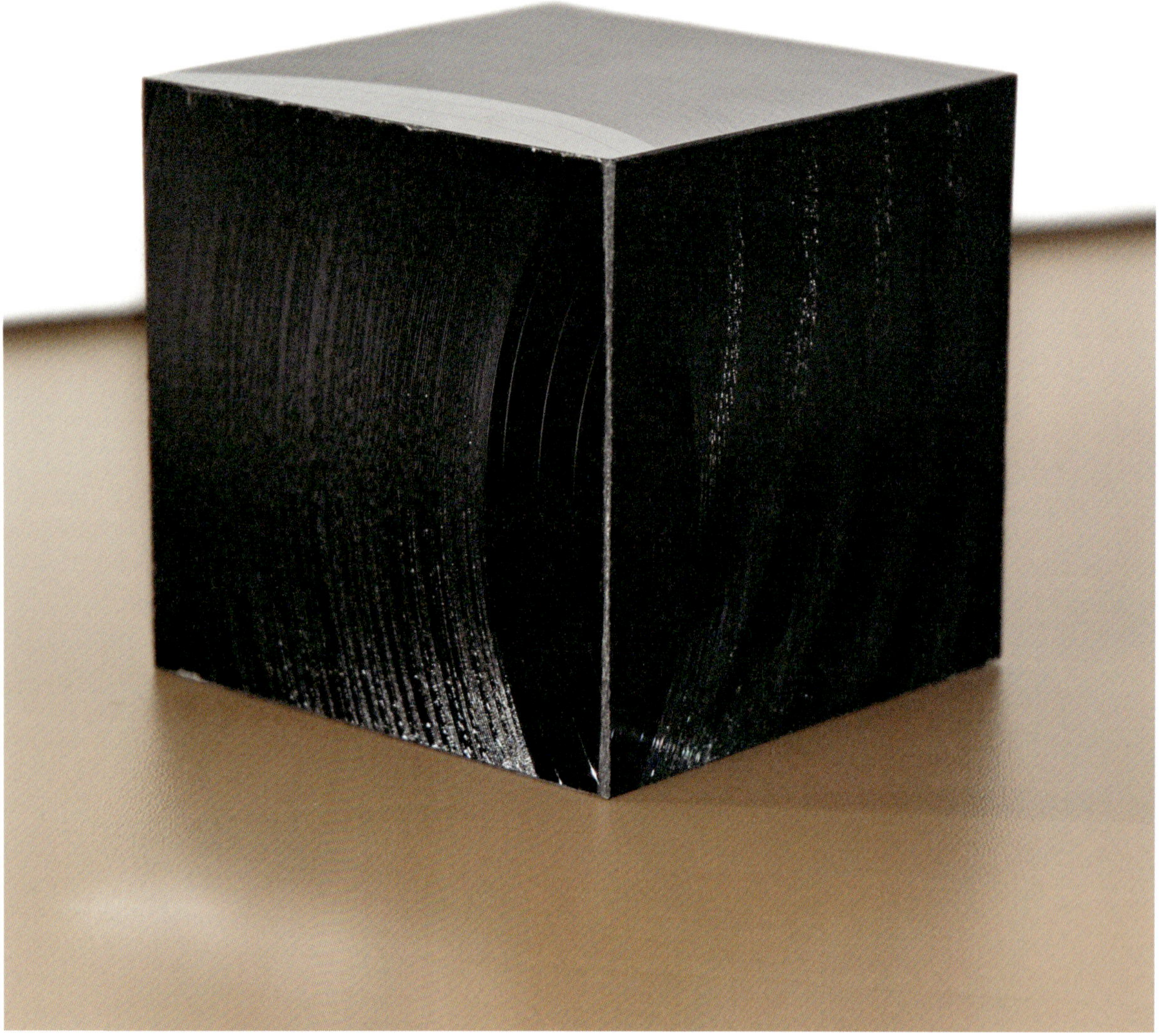

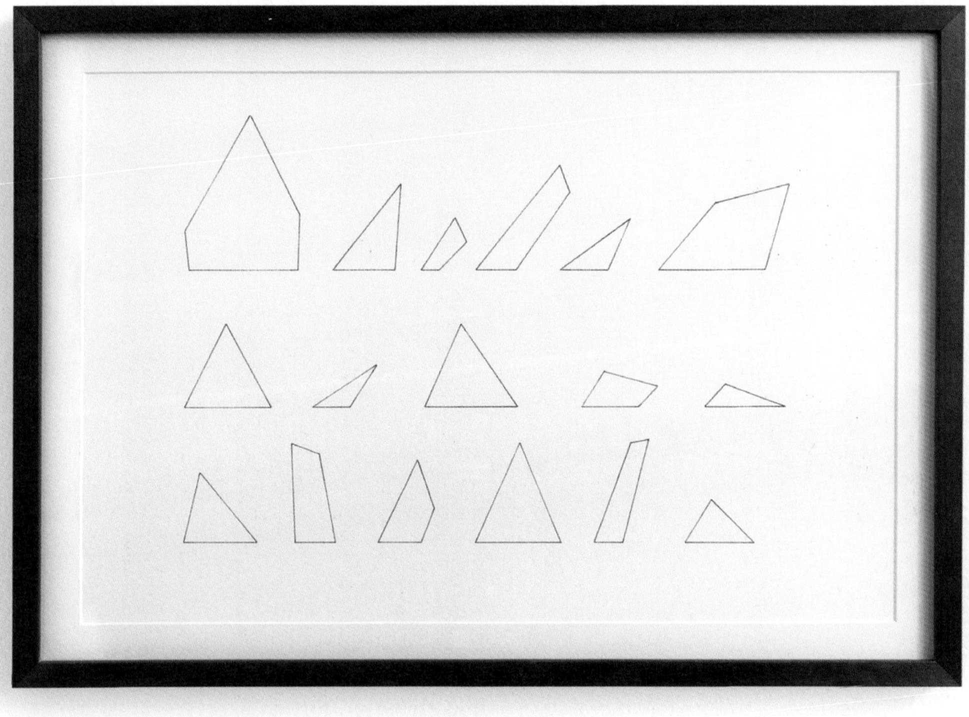

[26]

32 *Lyrische Noten*

Ausstellungsansicht Kunstverein Bochum, 2014

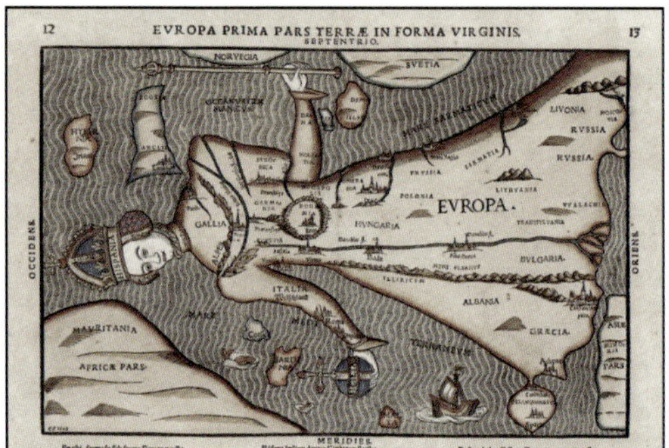

[27]

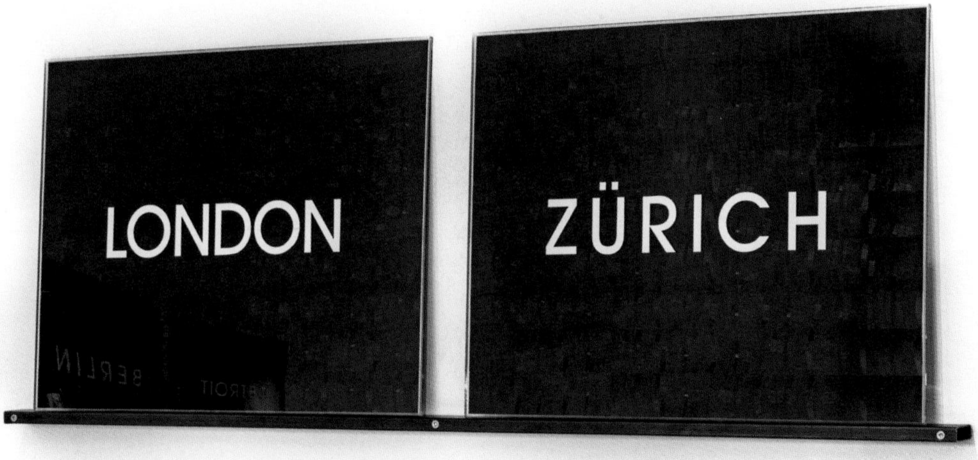

[28]

34

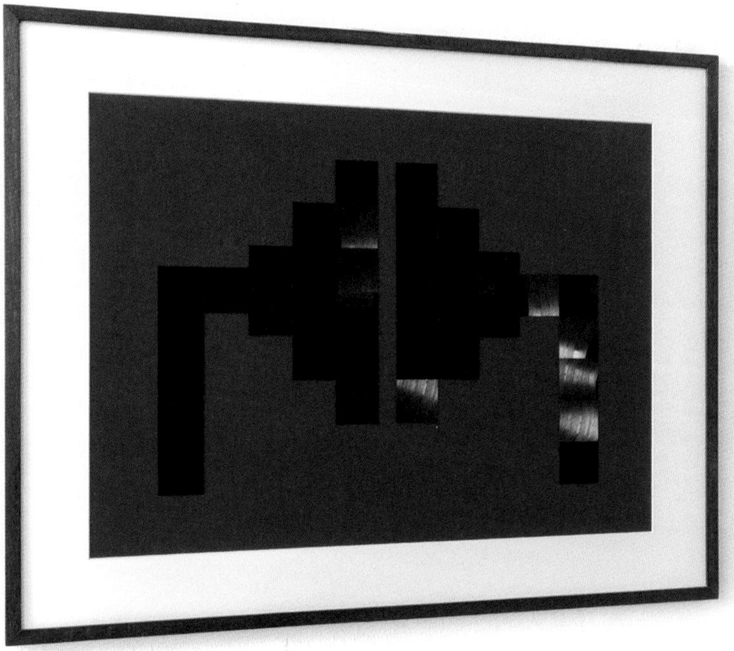

[29]

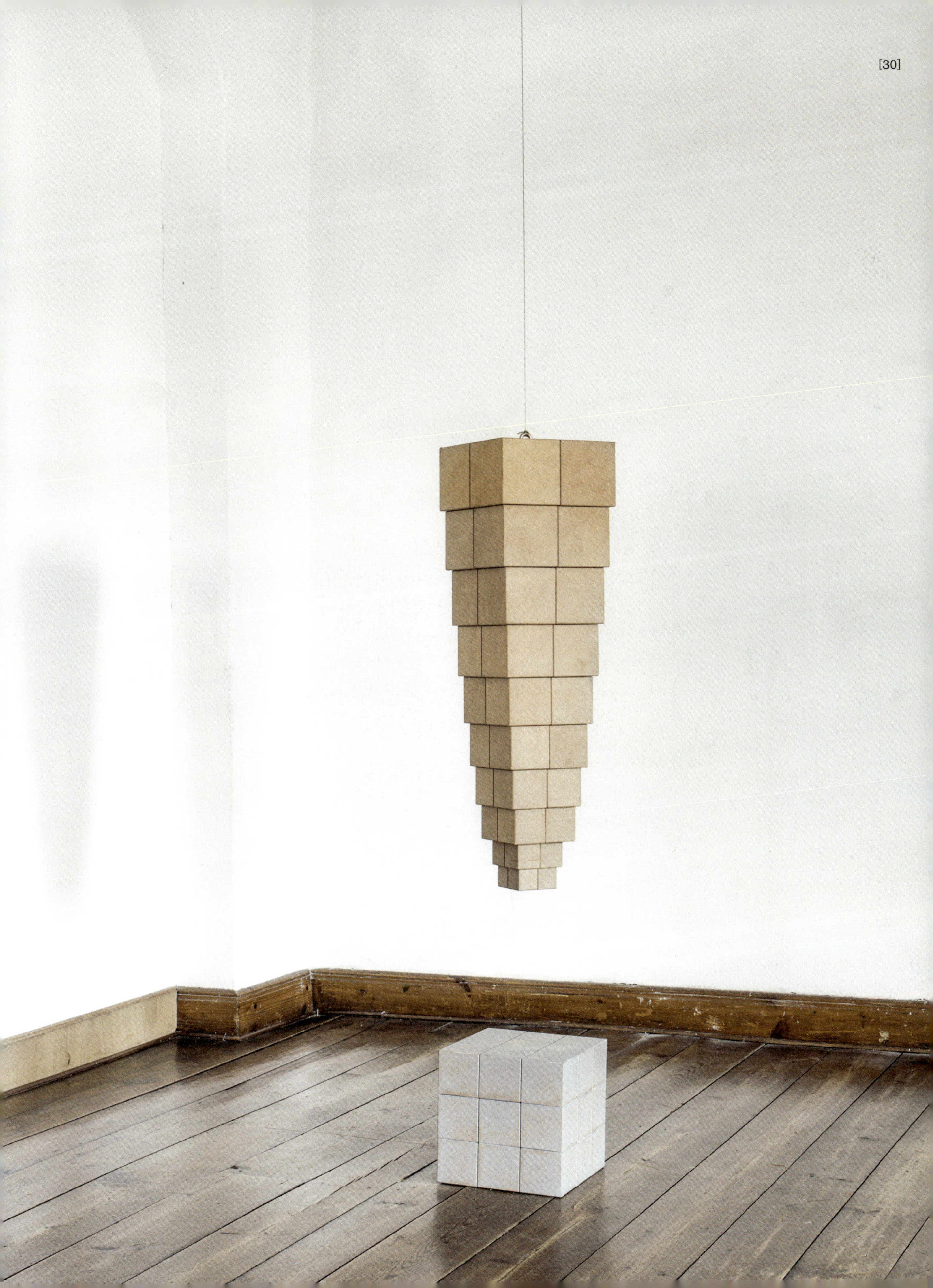

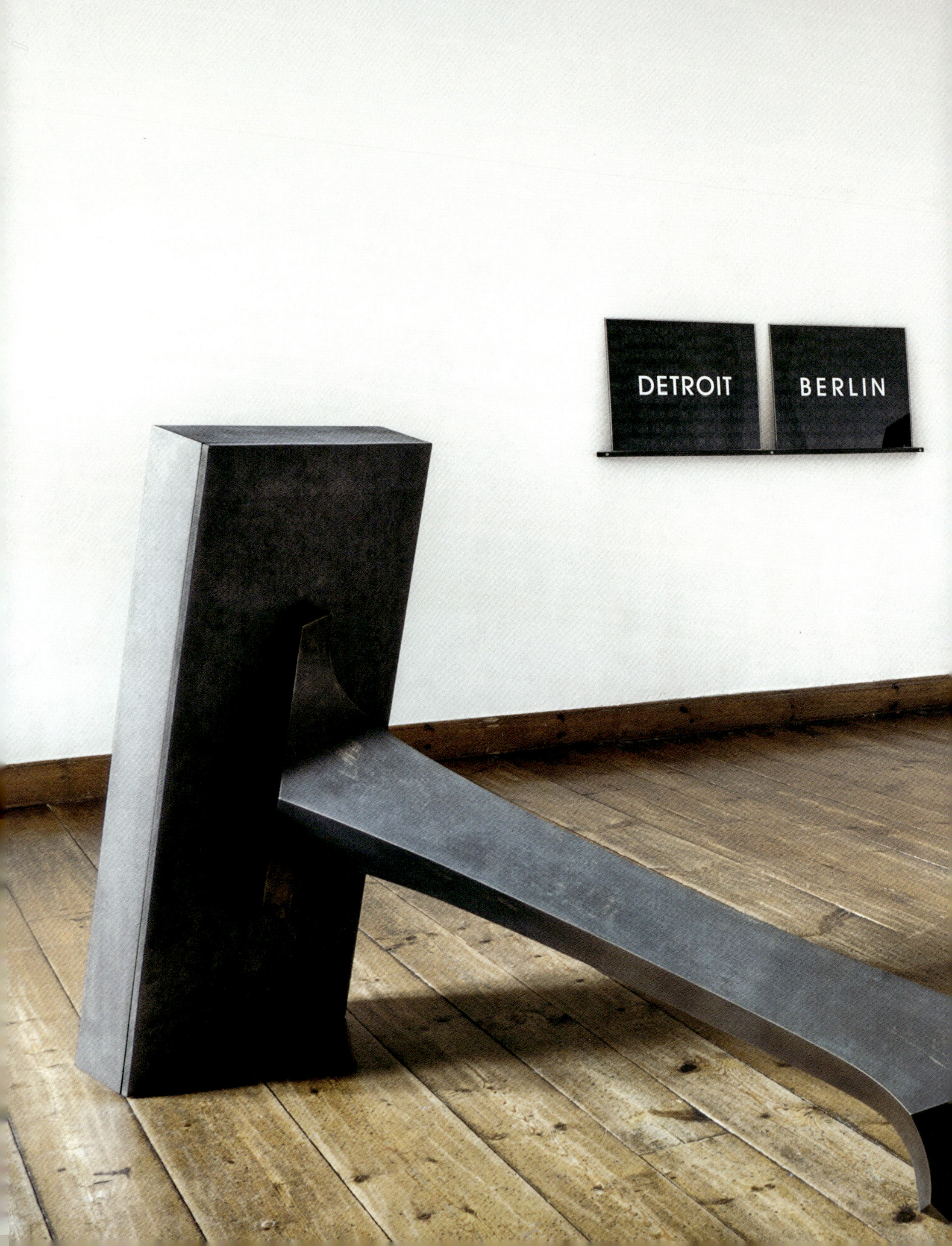
DETROIT
BERLIN

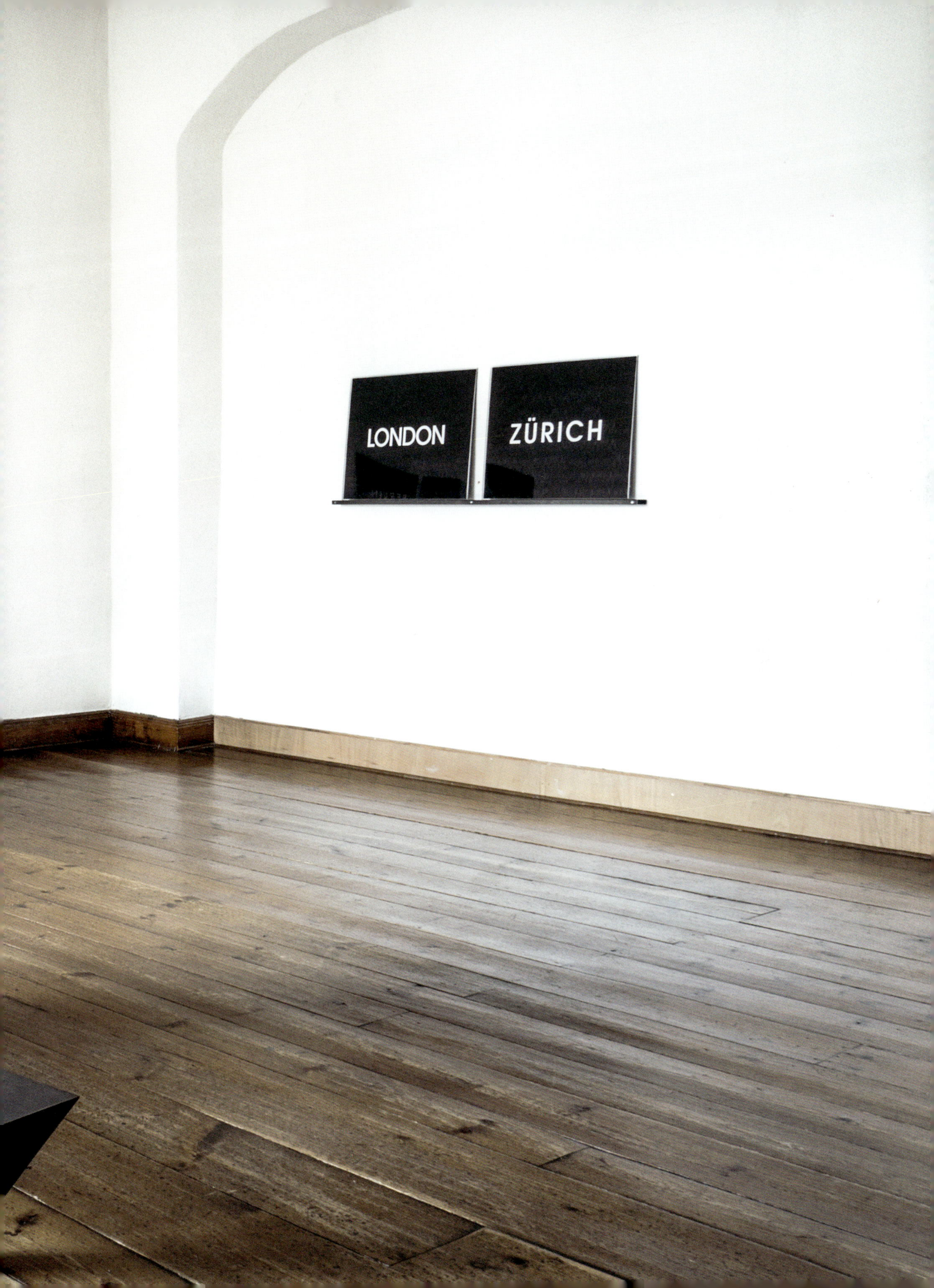
LONDON
ZÜRICH

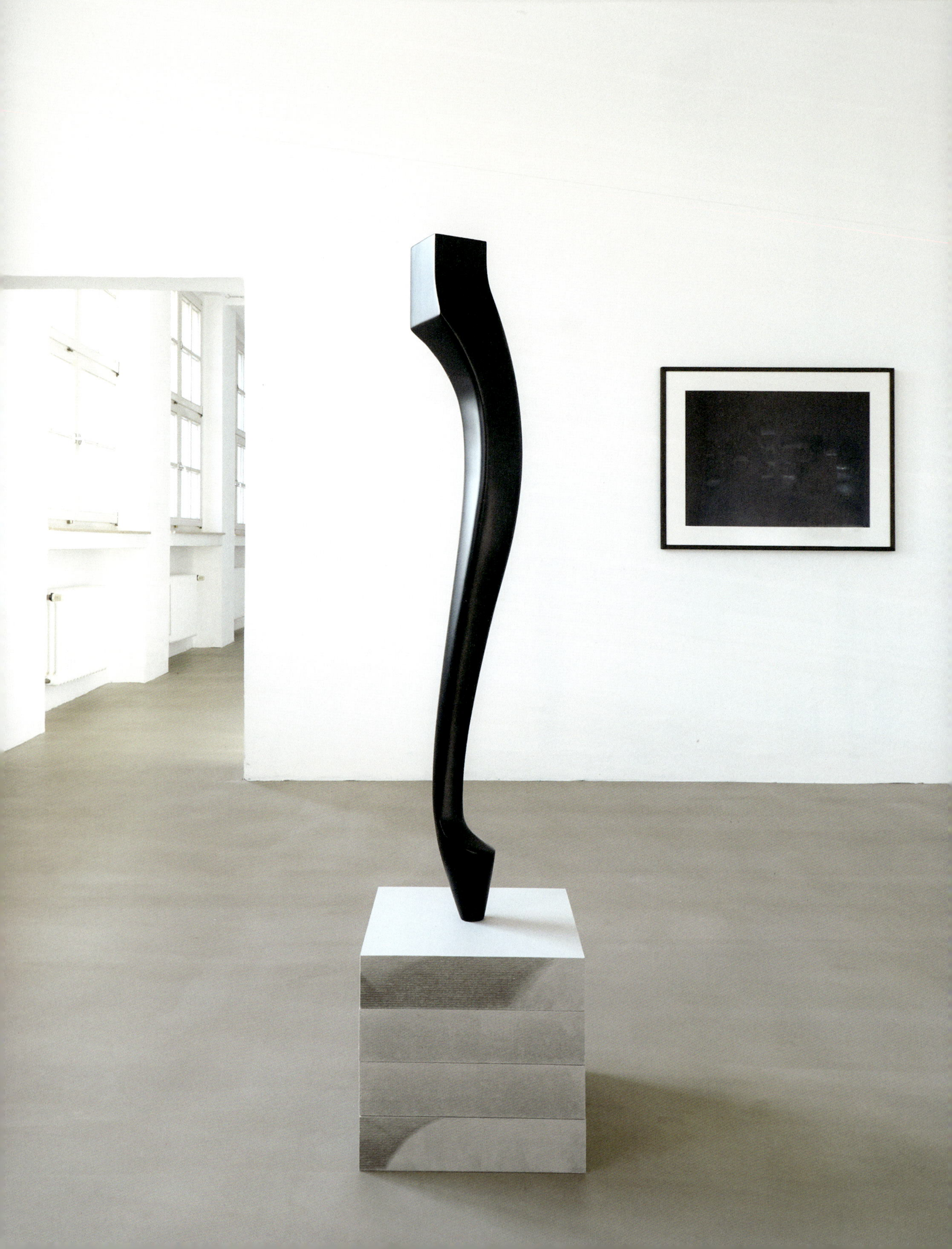

39 *Zu den Sachen*

Ausstellungsansicht Kunsthaus Essen, 2014

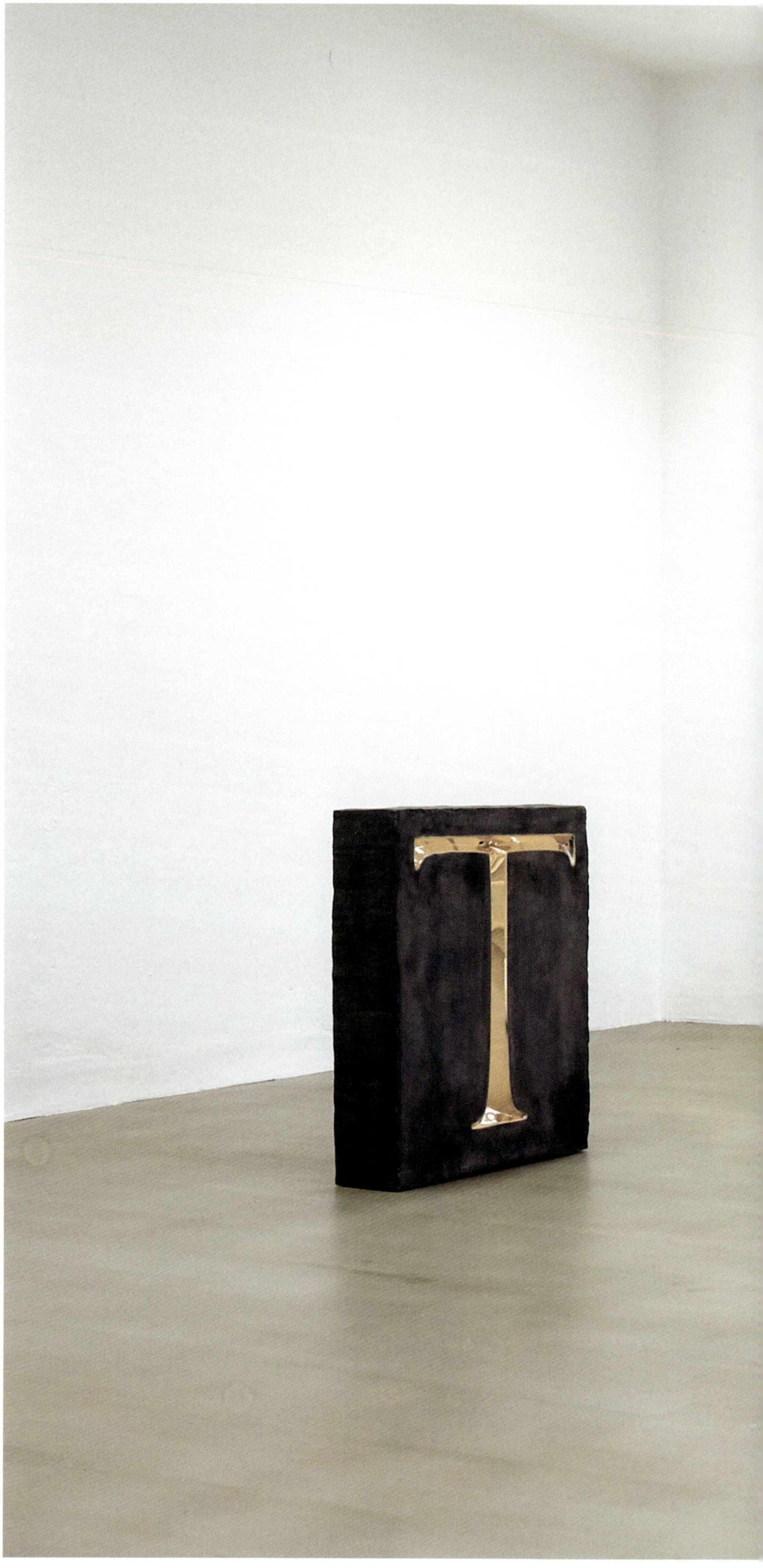

[33]

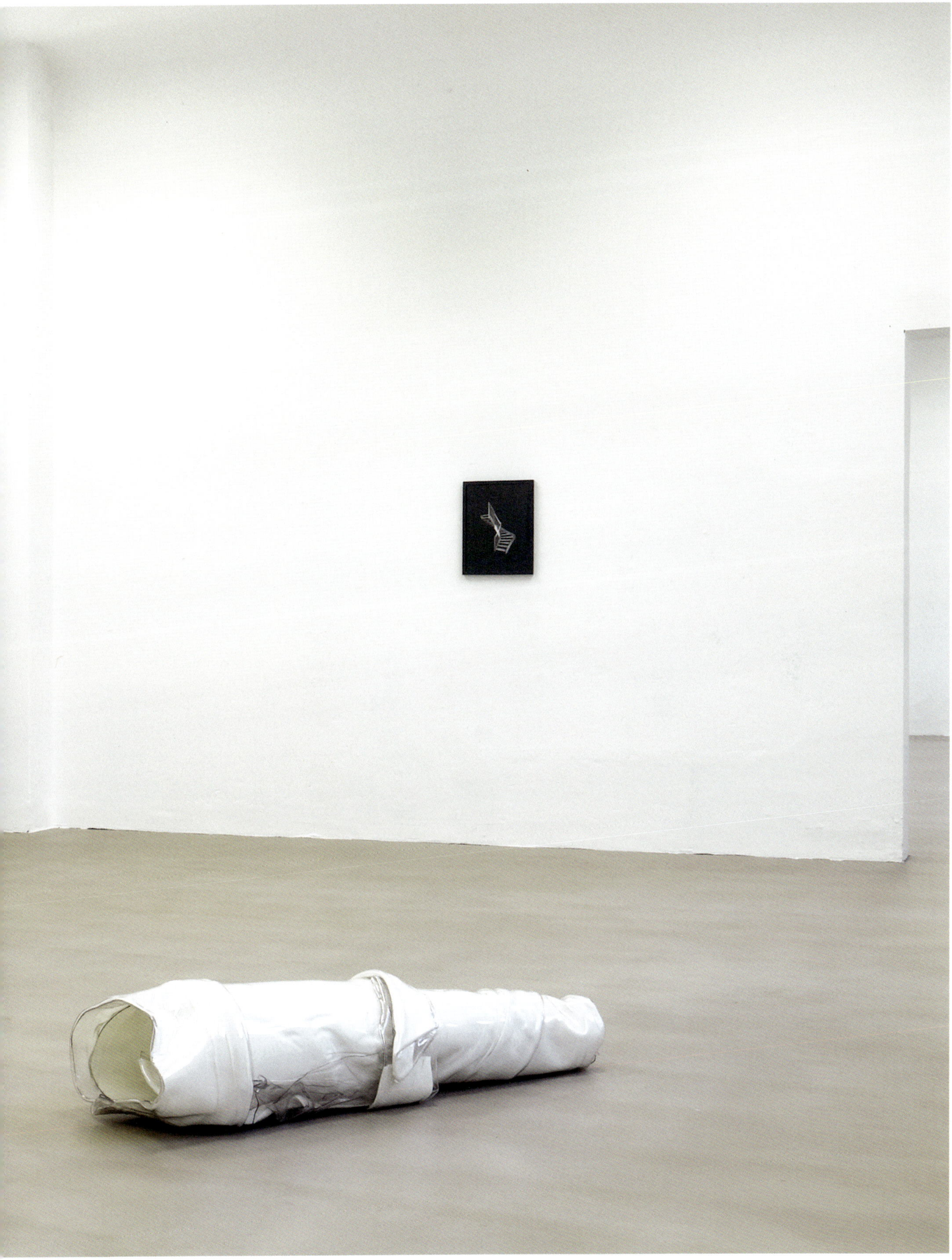

42 *Institut*

Galerie Sima Nürnberg

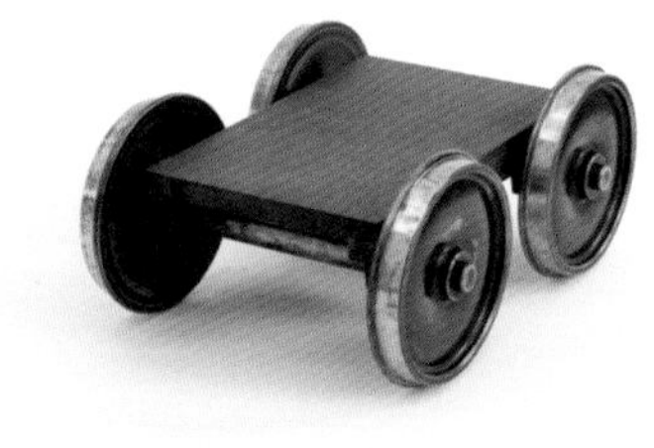

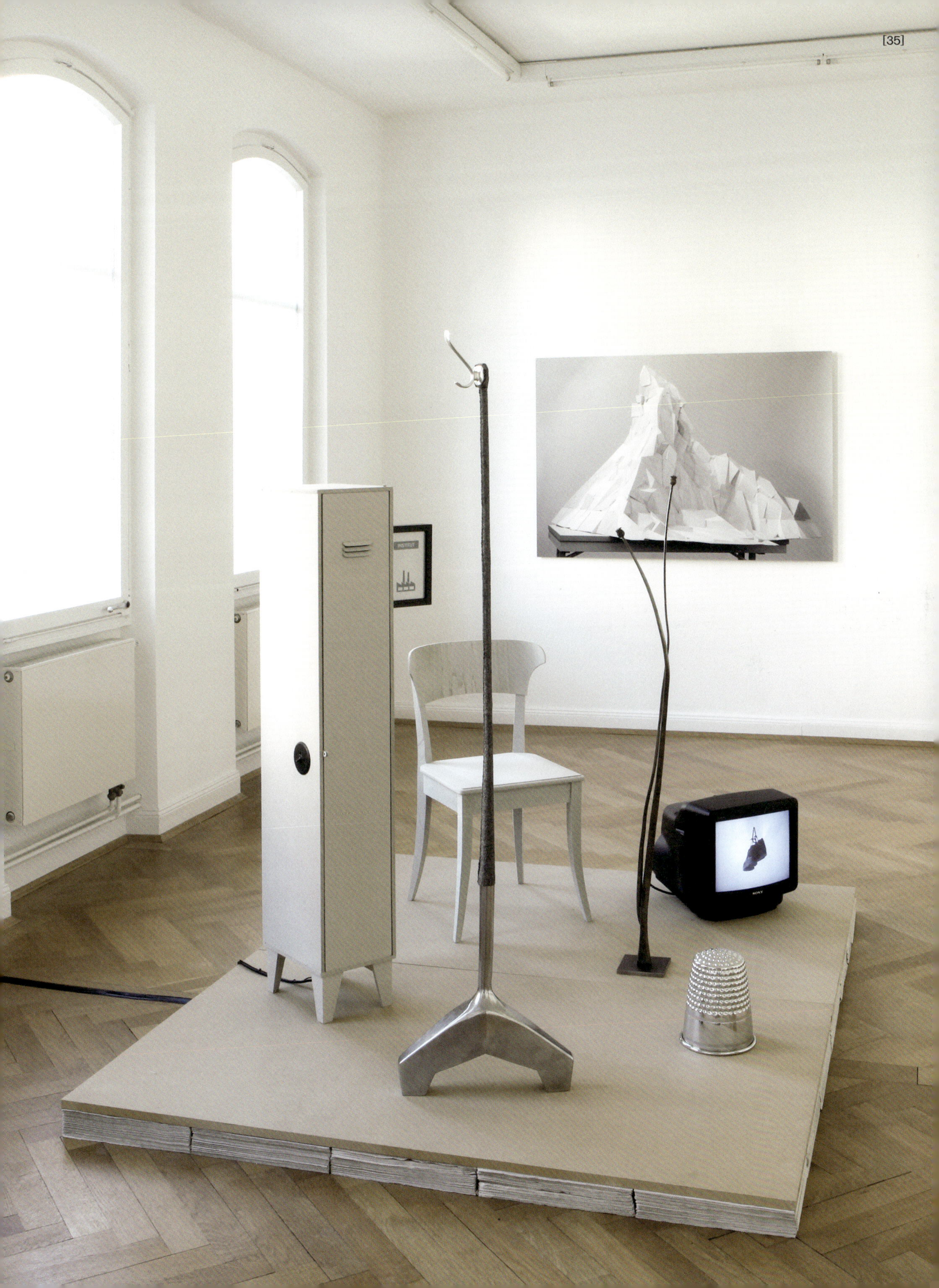

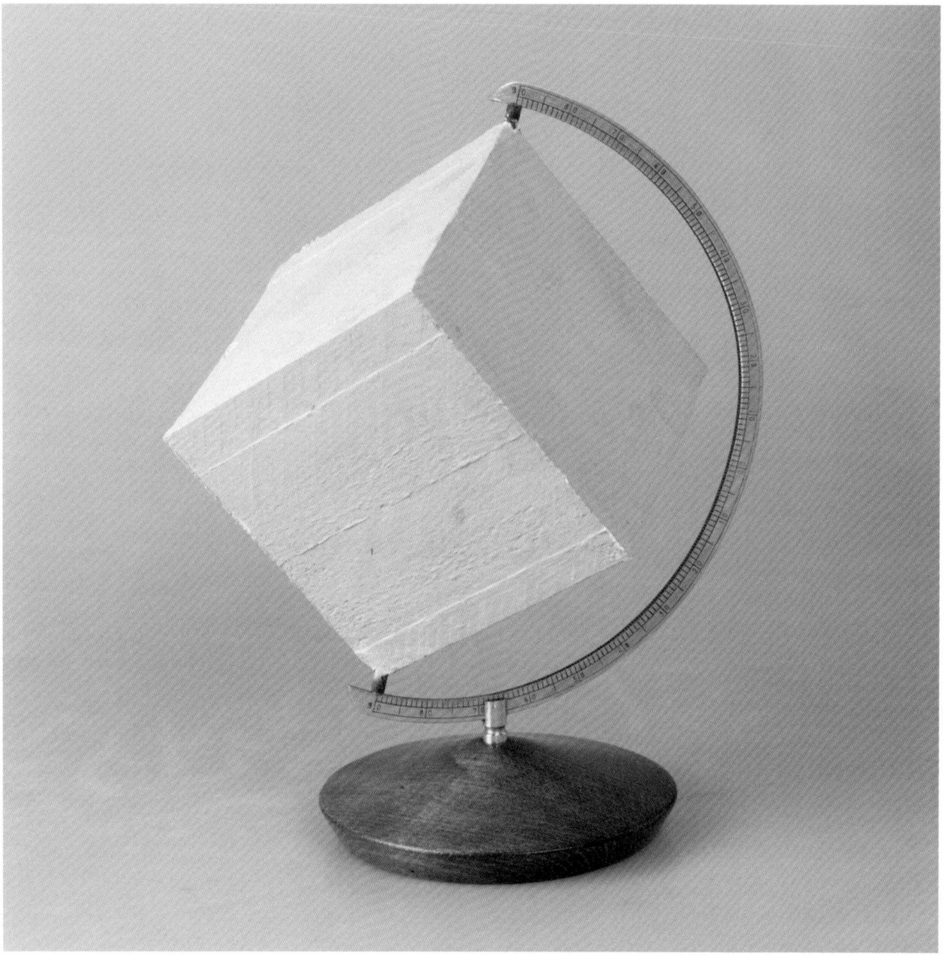

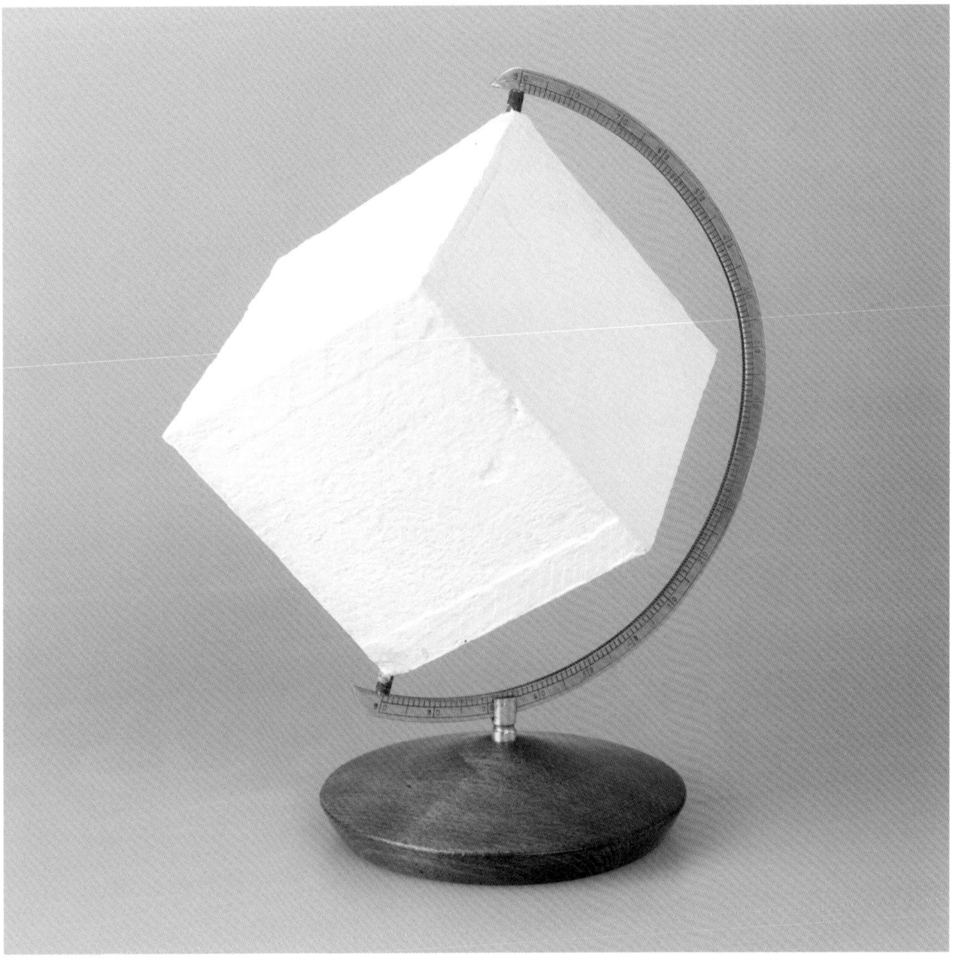

Werk-verzeichnis

Catalogue of Work

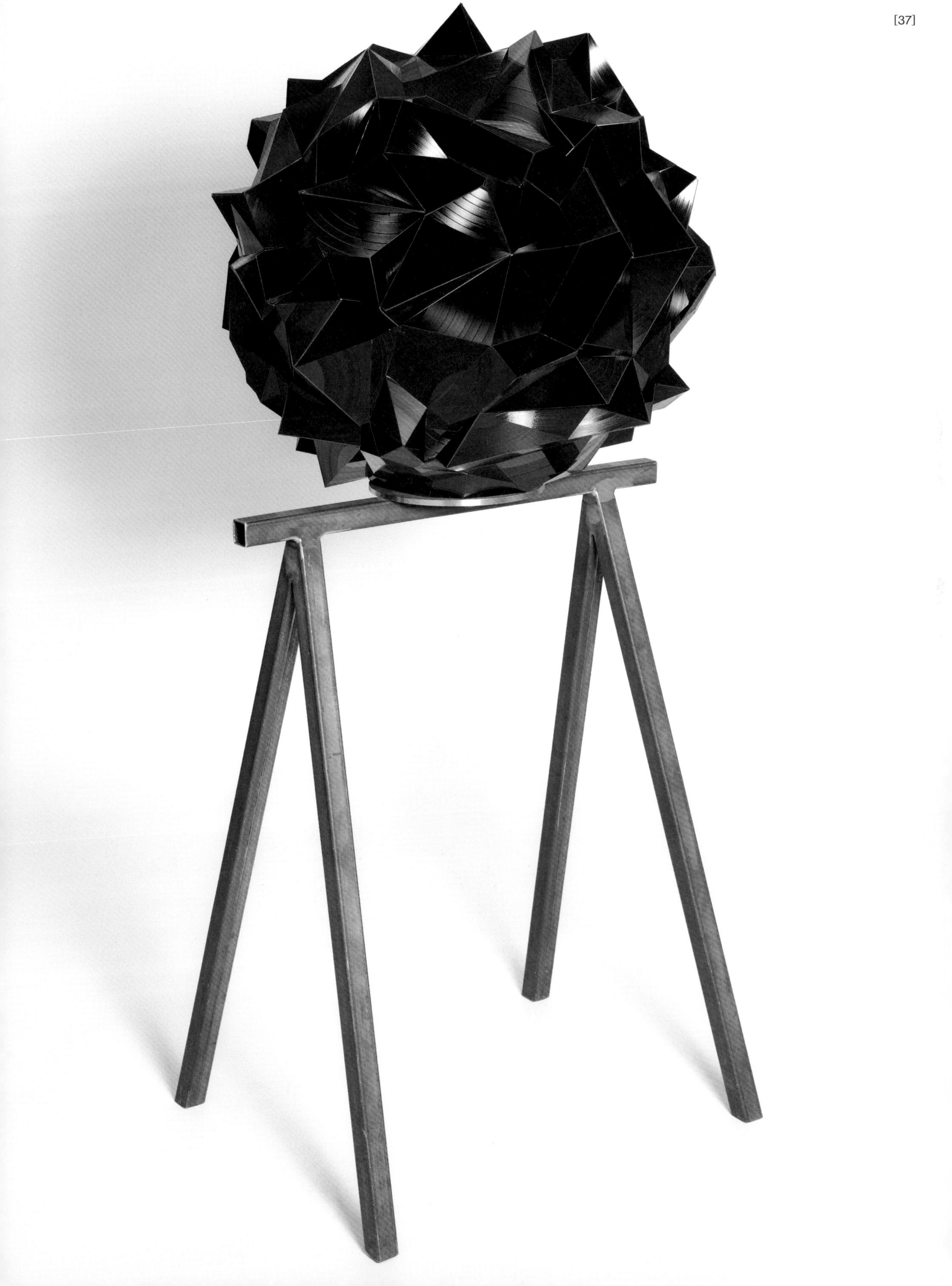

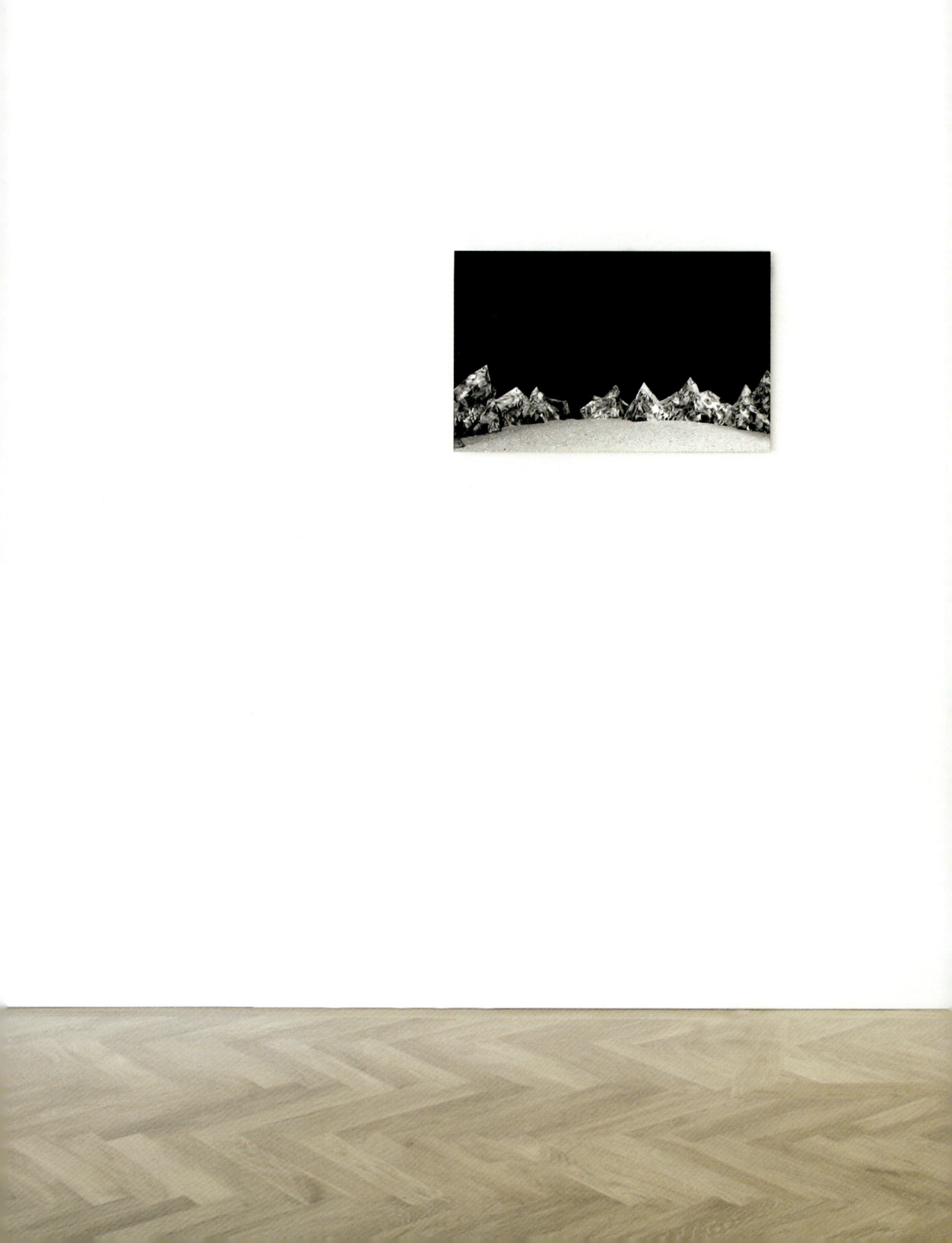

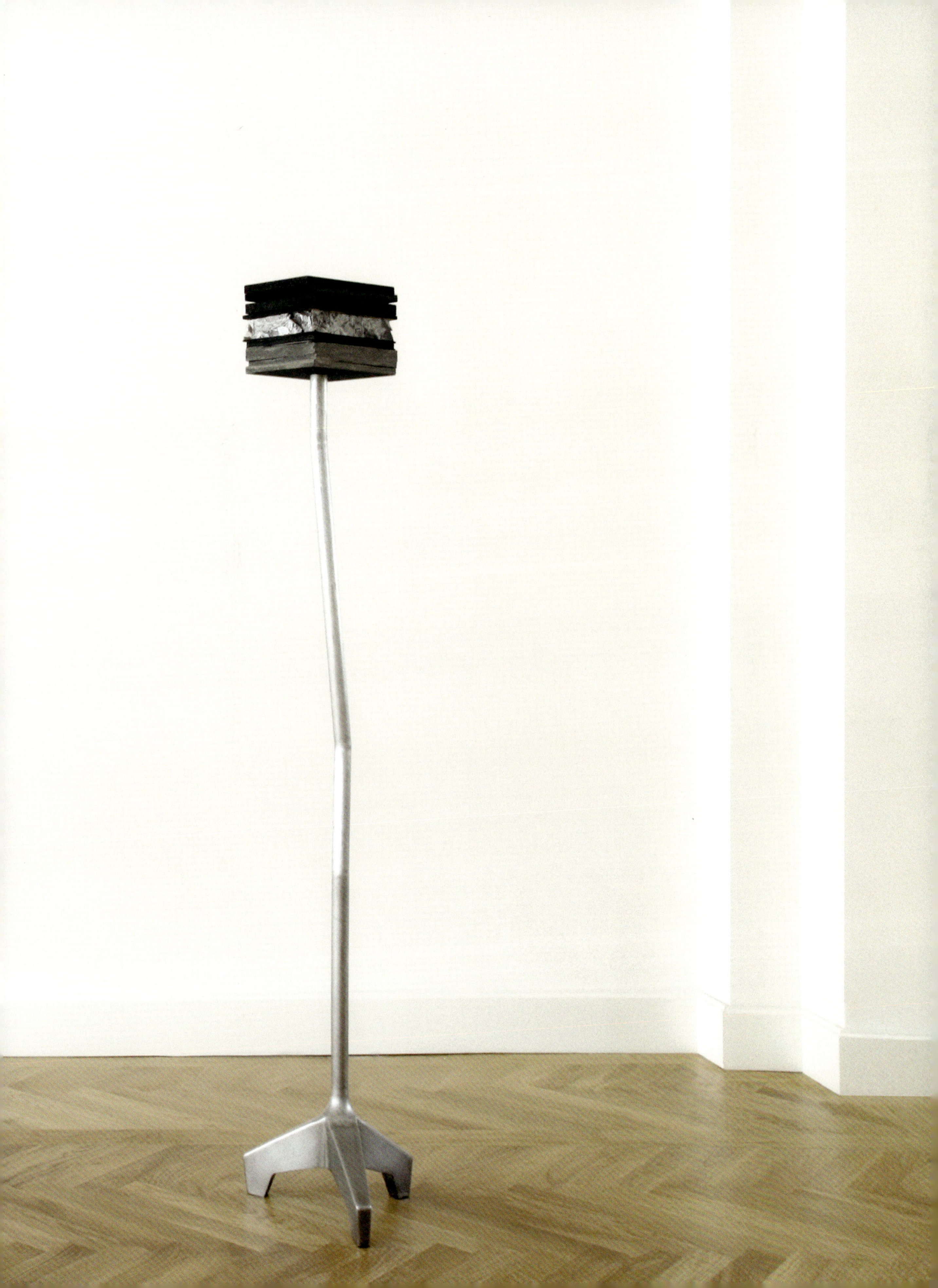

[39]

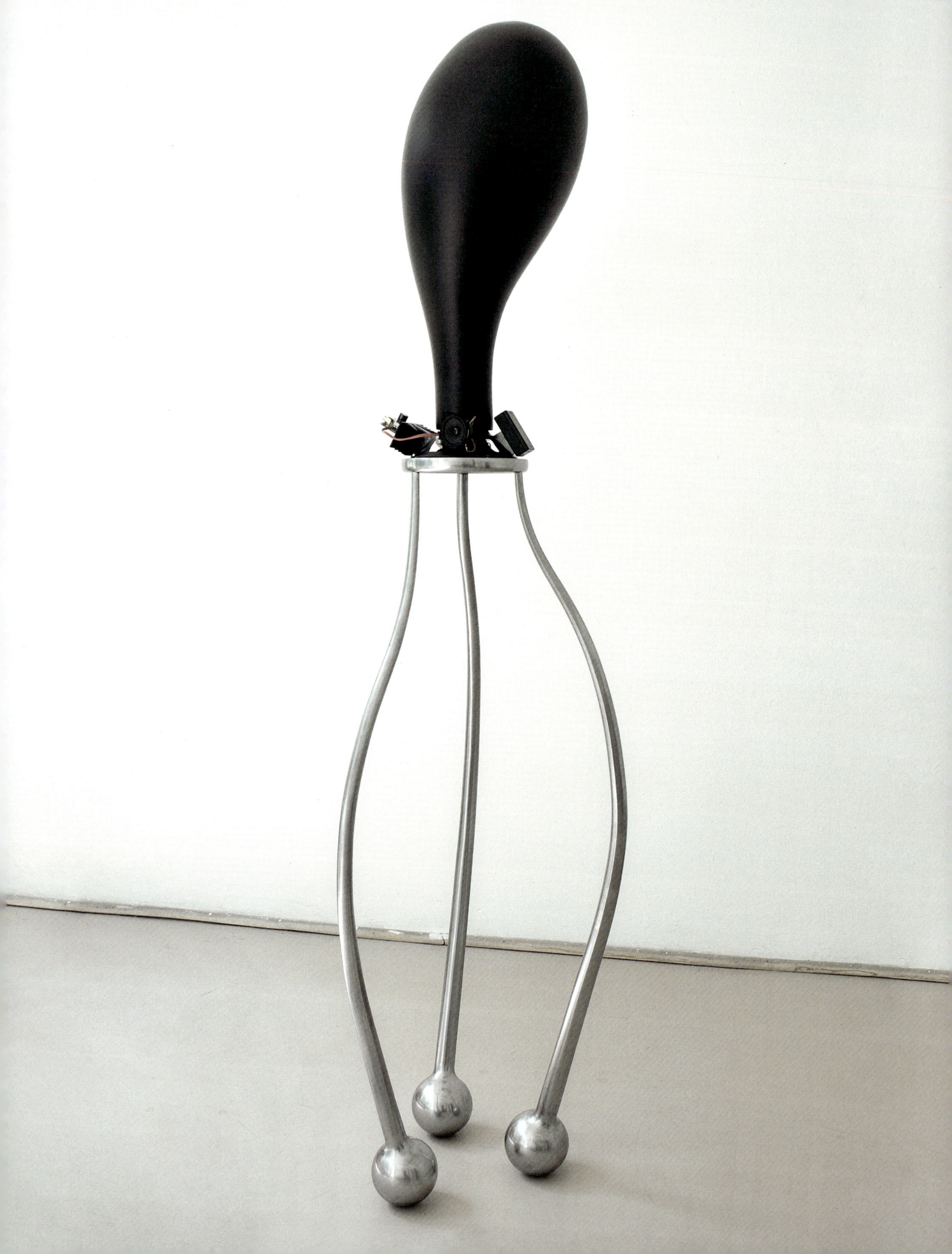

51

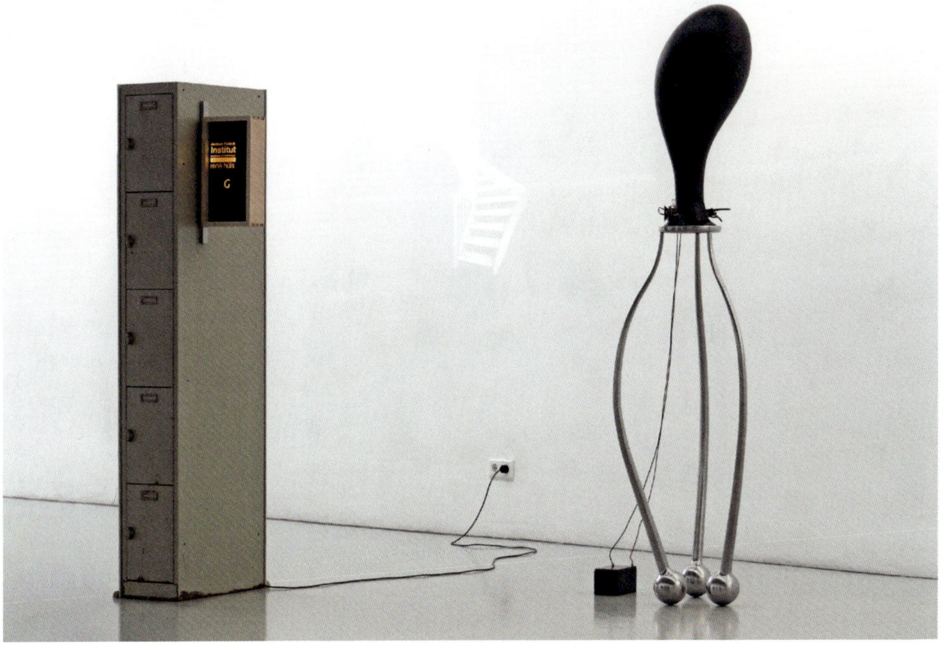

[40]

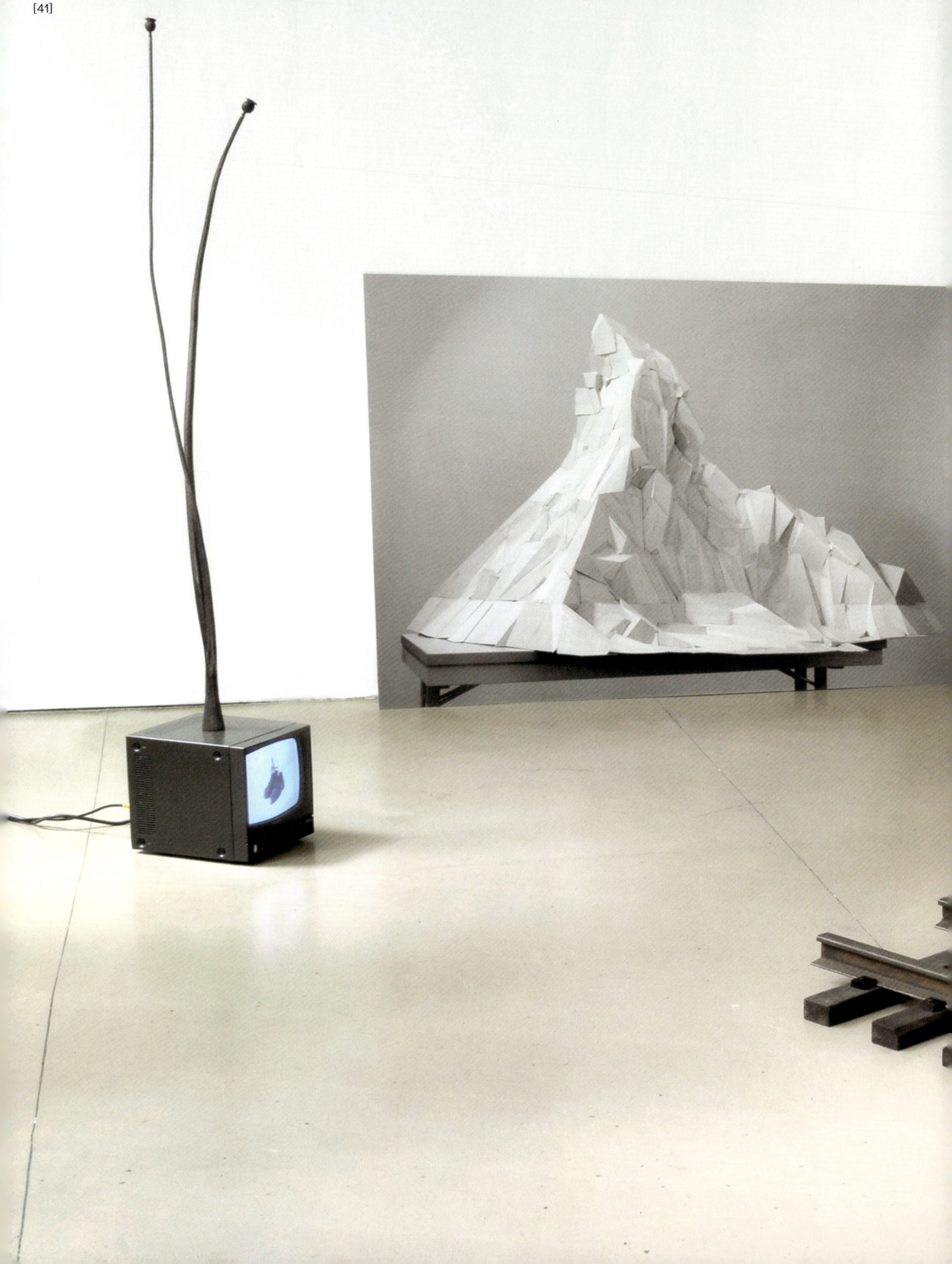

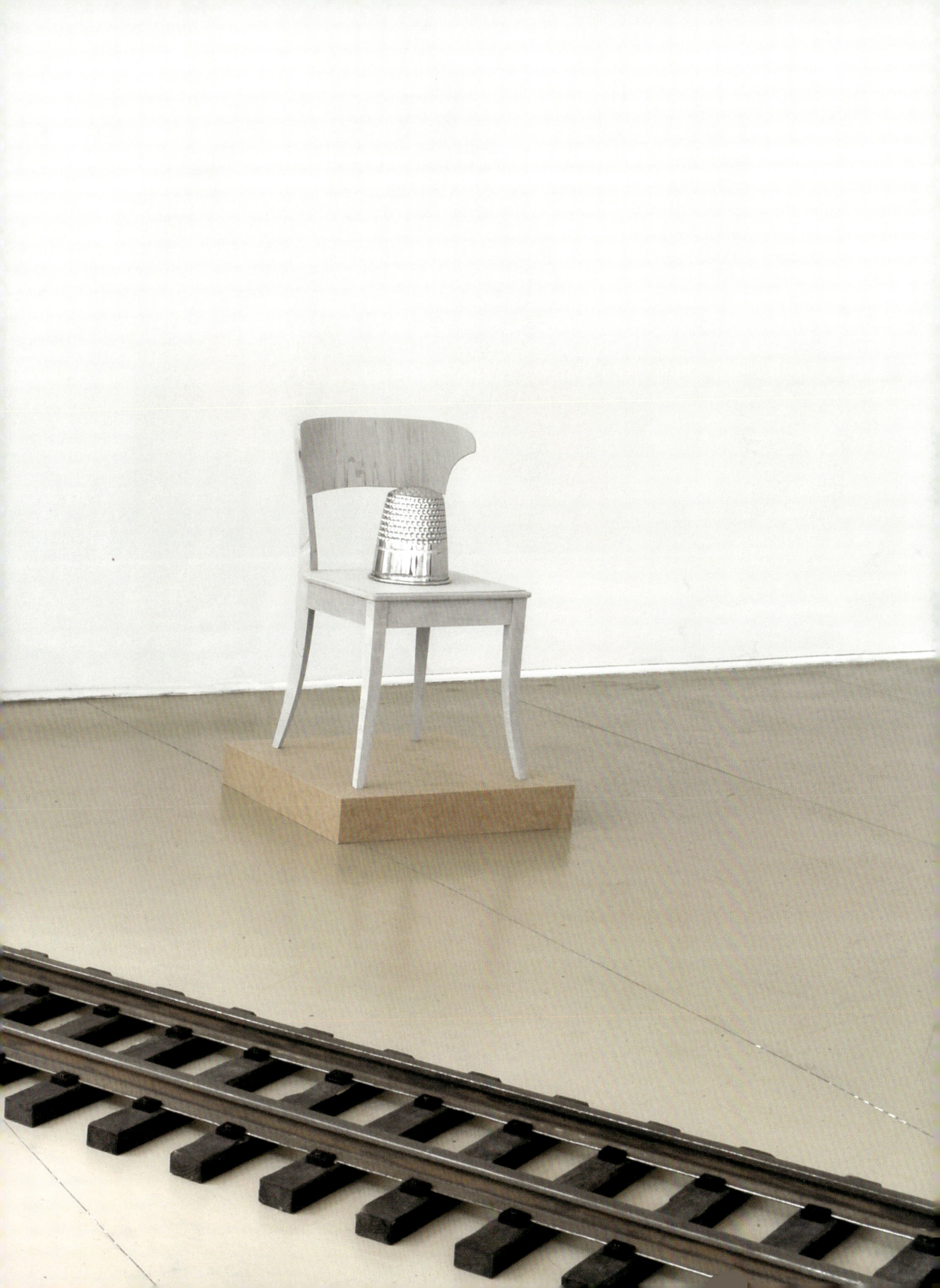

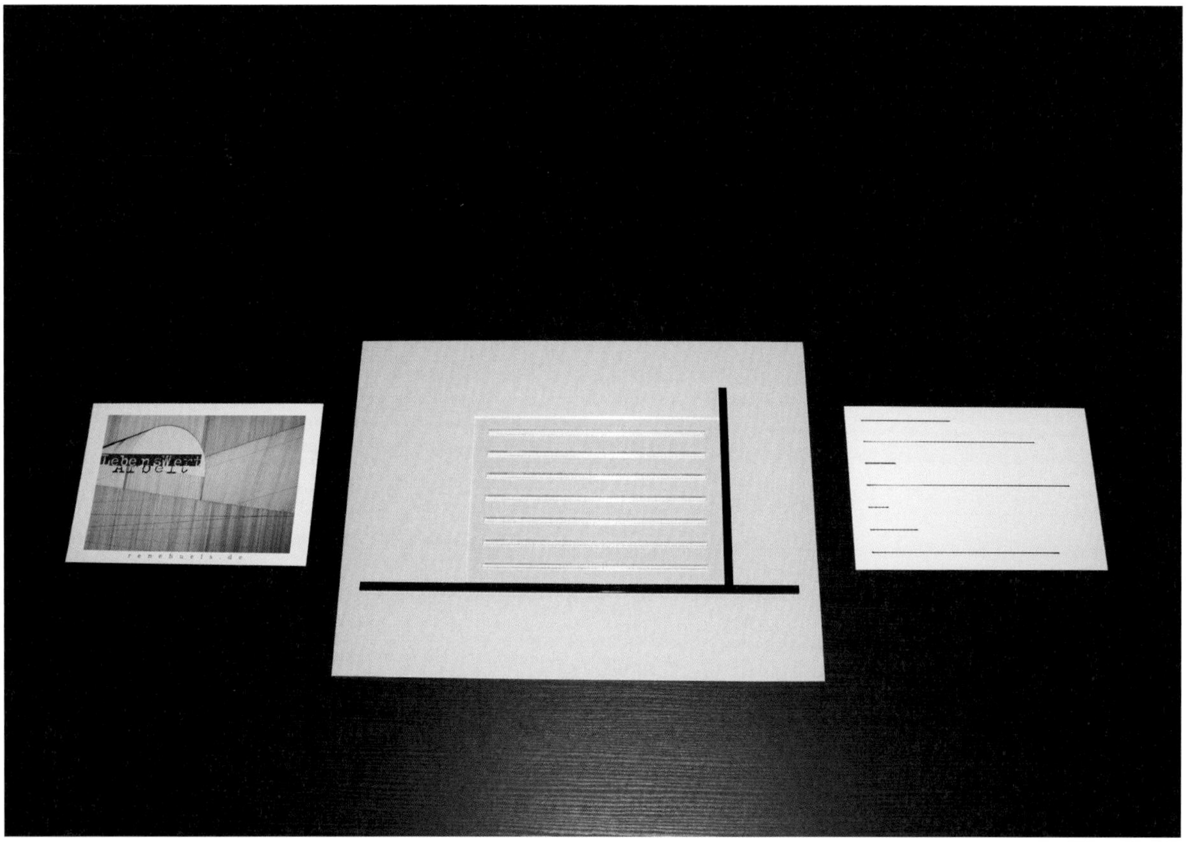

[42]

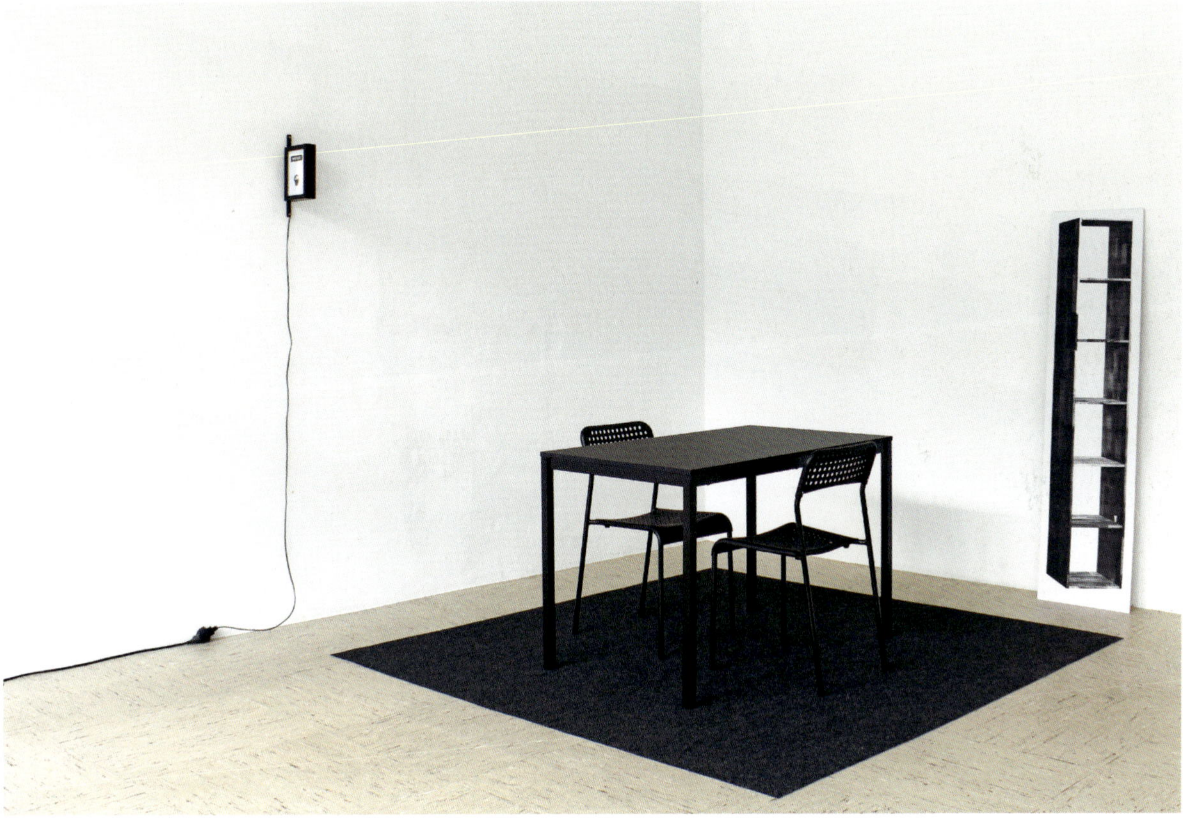

[43]

56

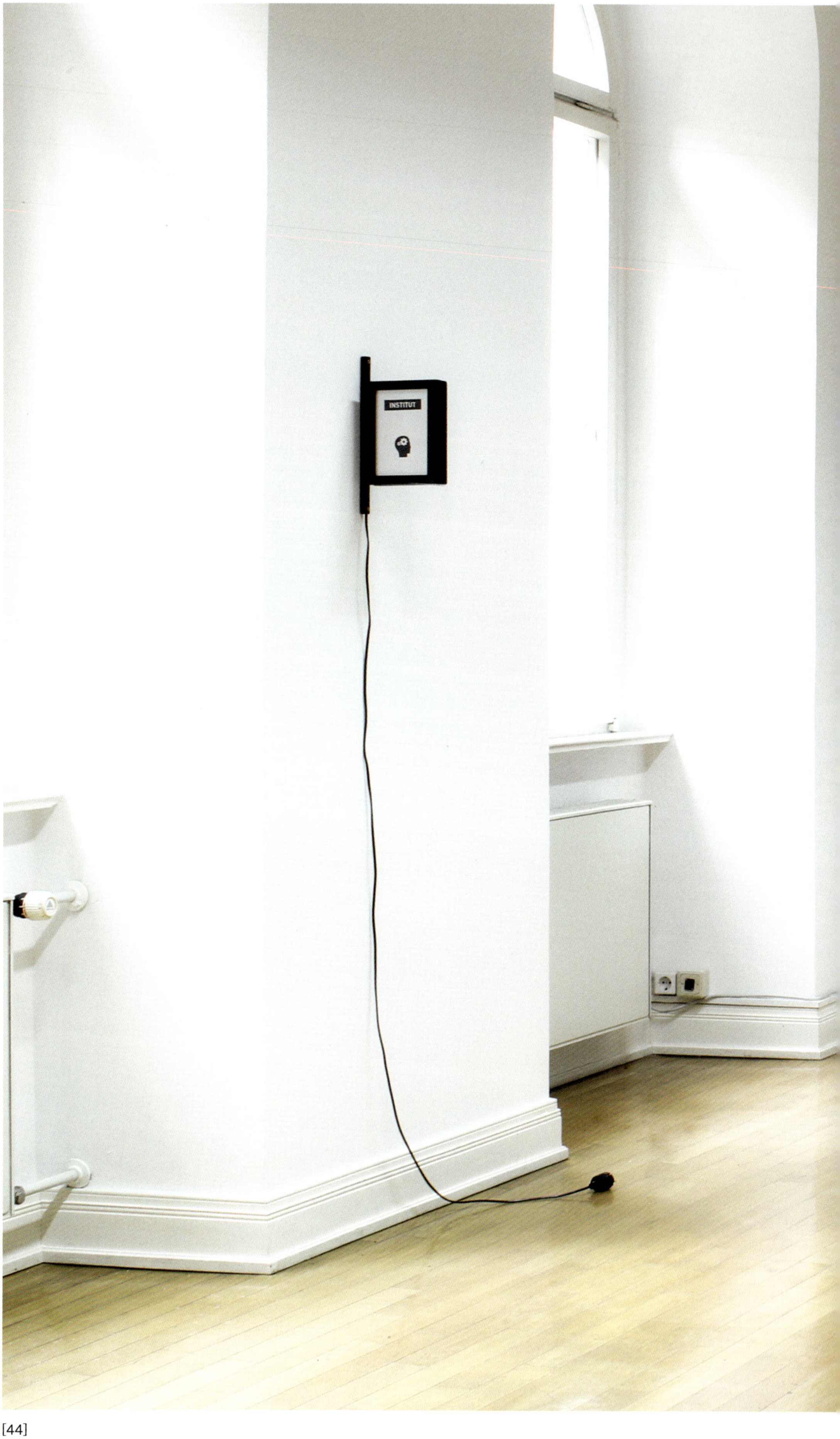

[44]

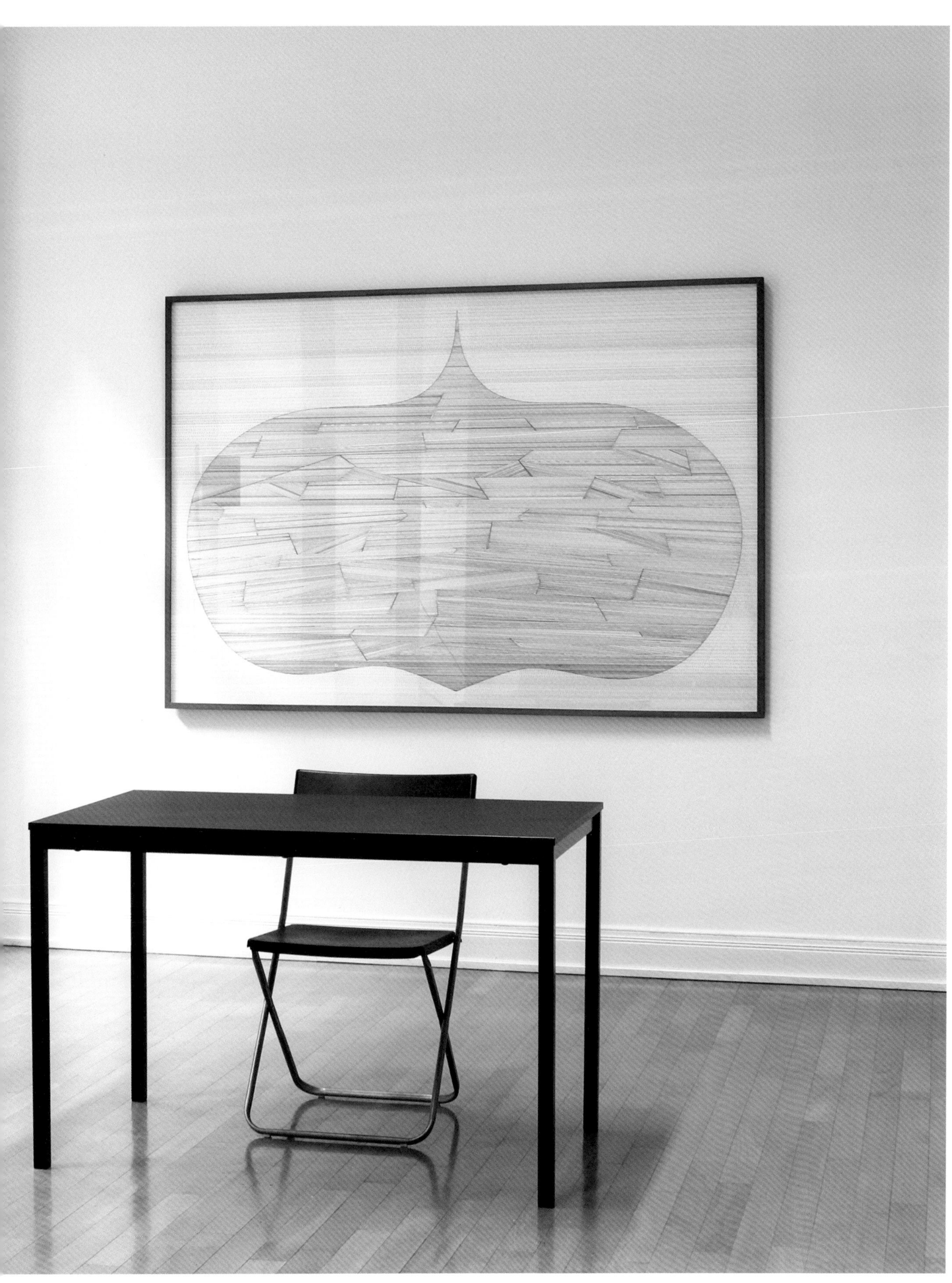

58

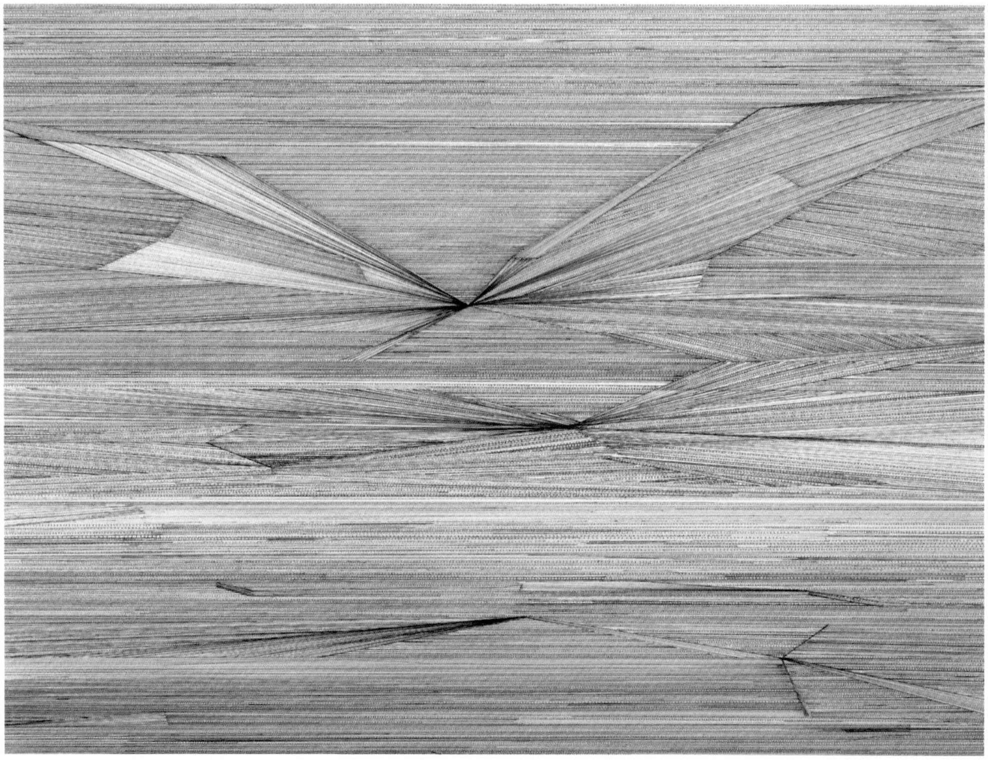

[45]

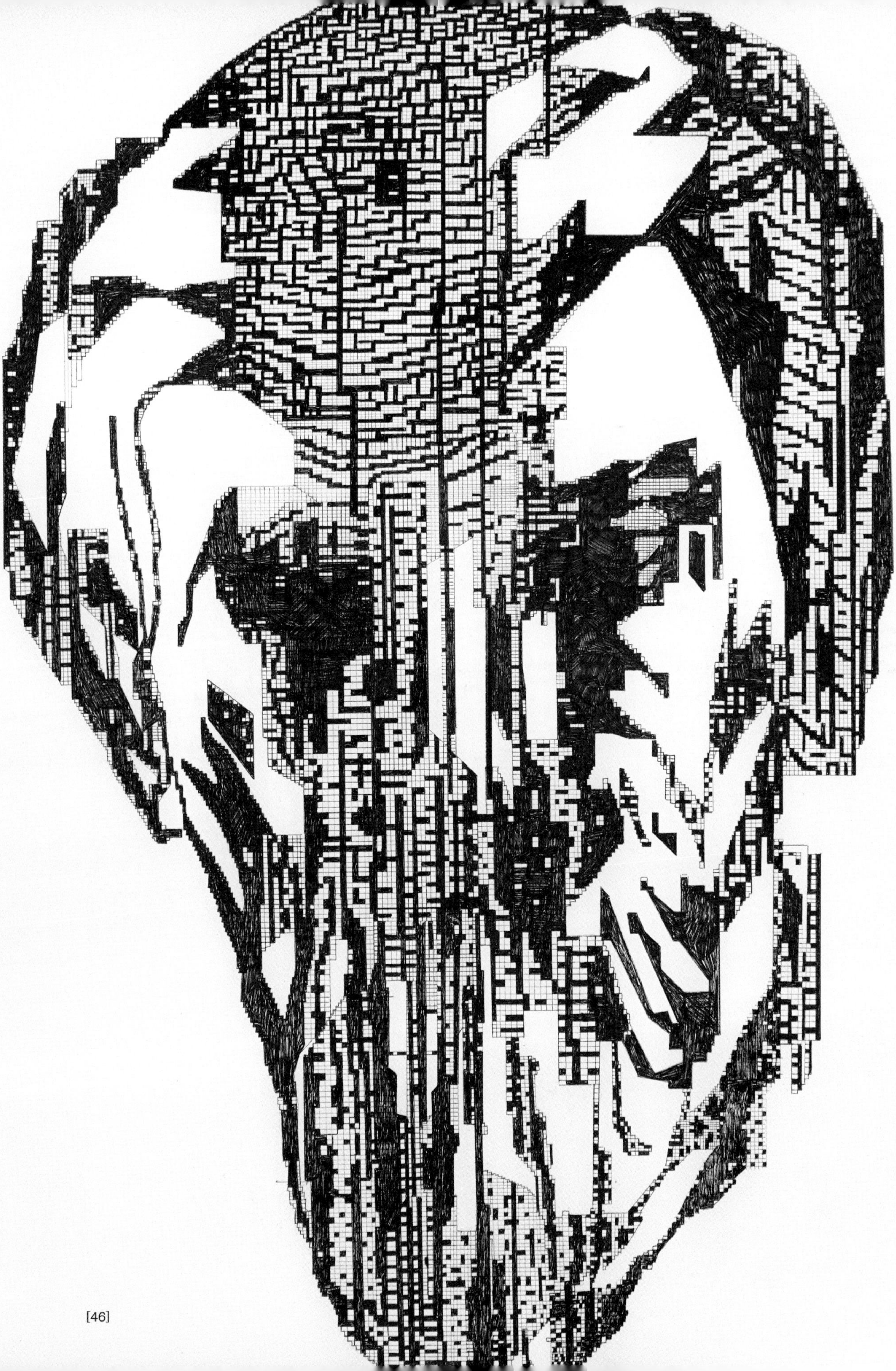

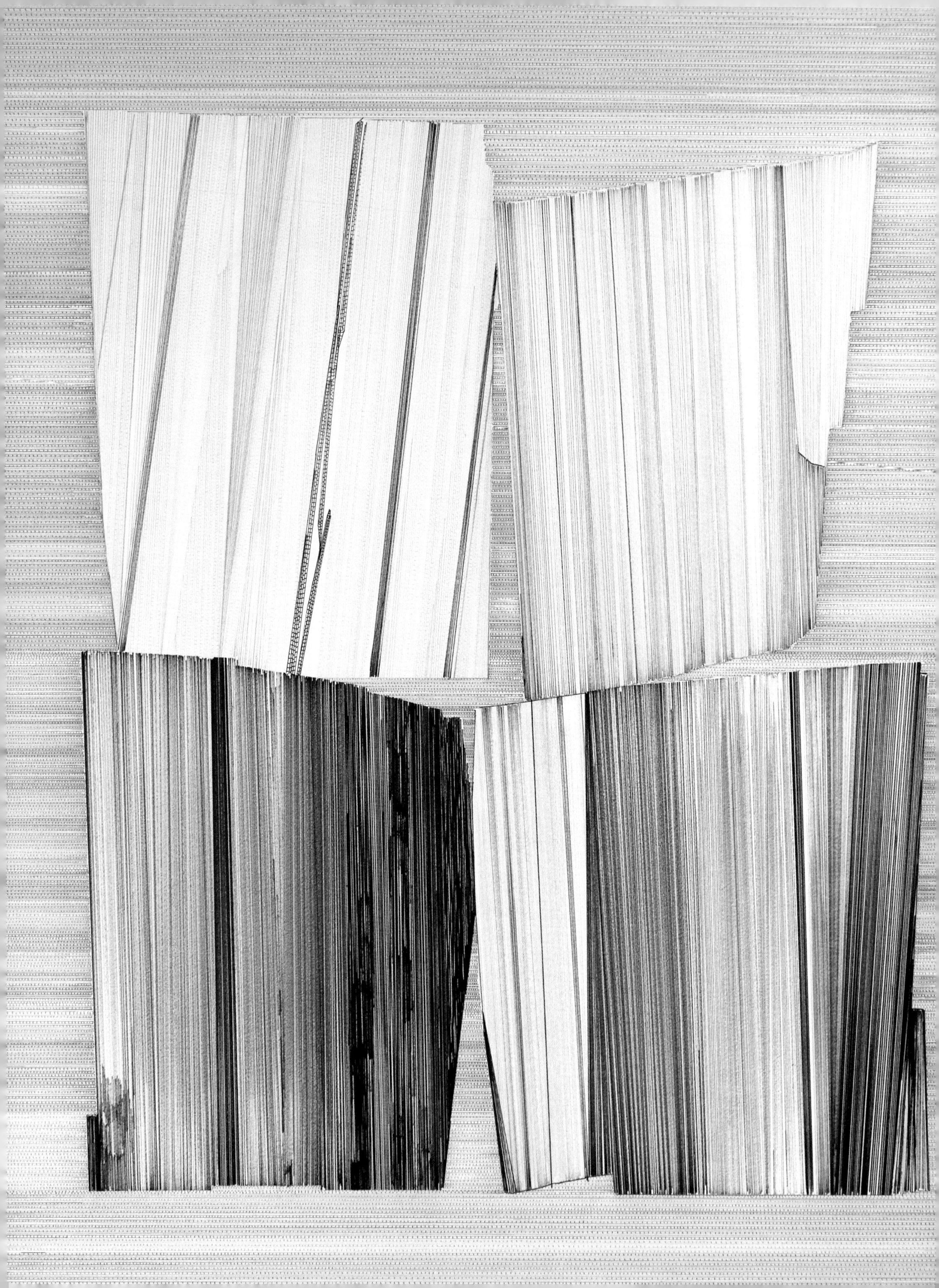

61

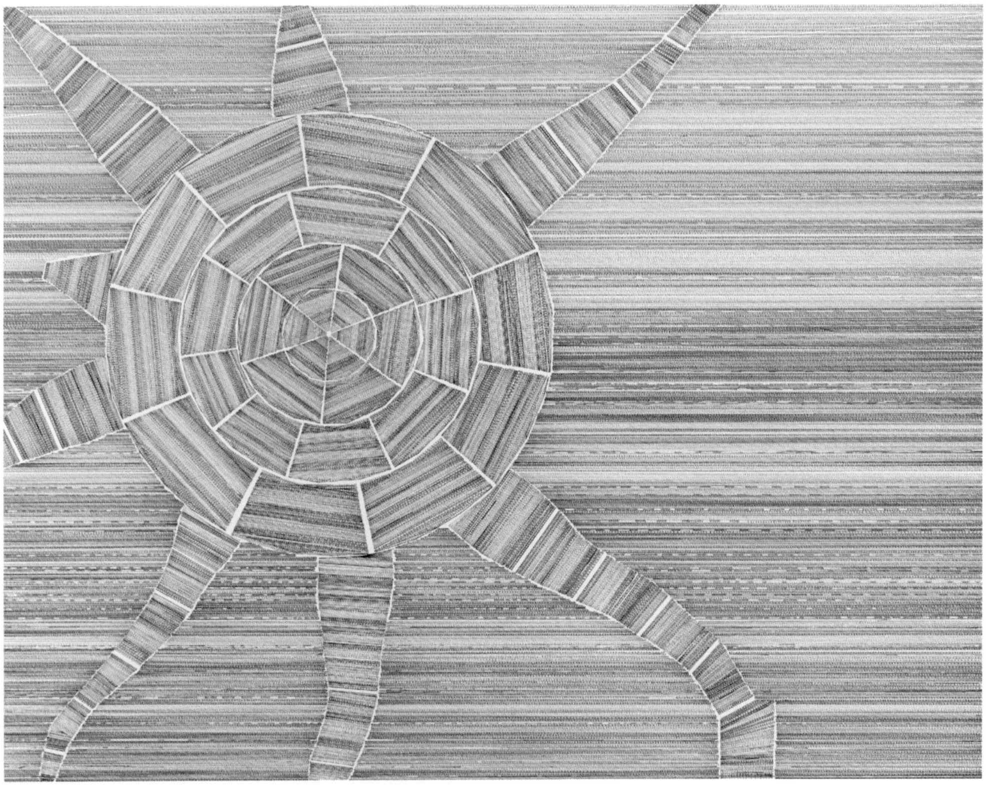

[48]

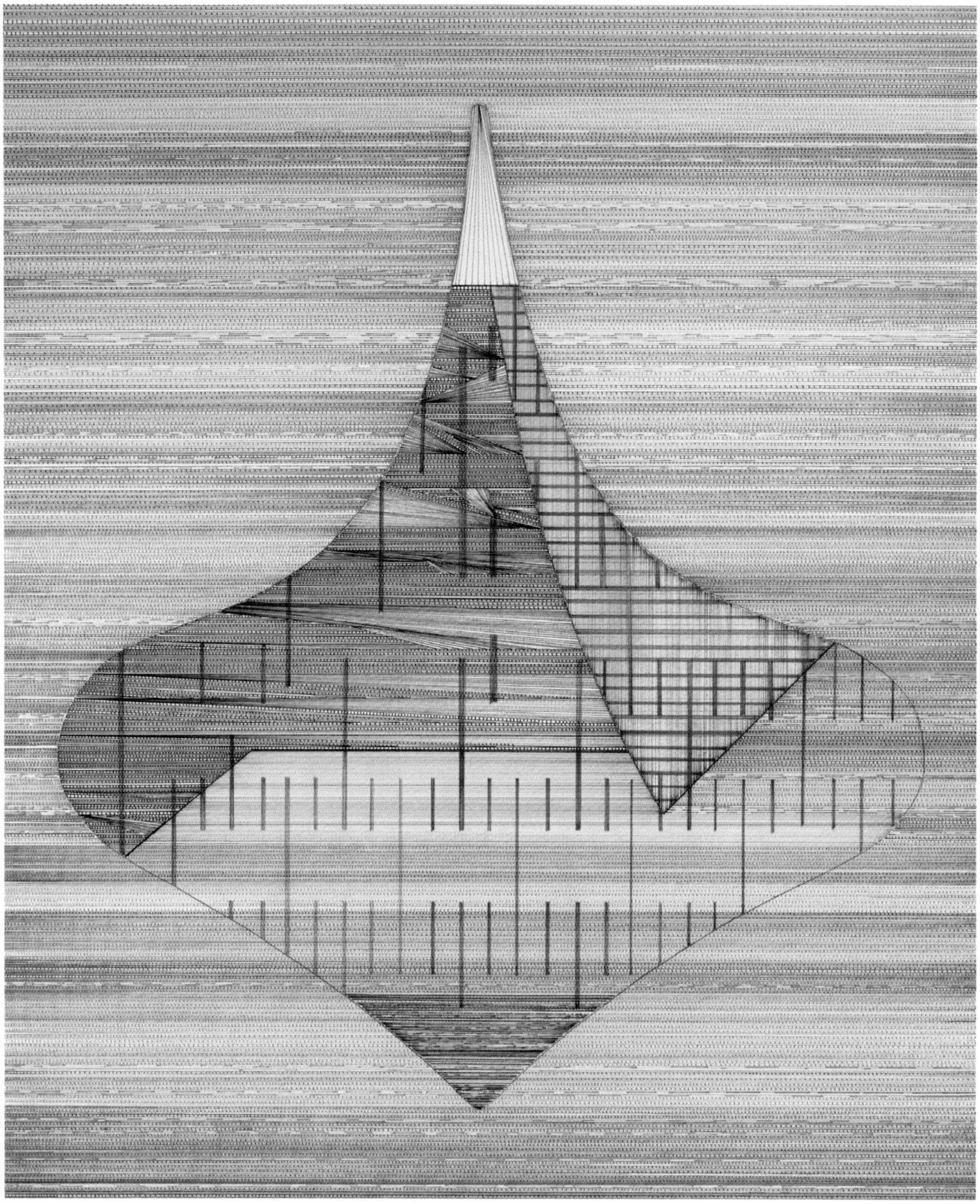

[49]

rechts [50]

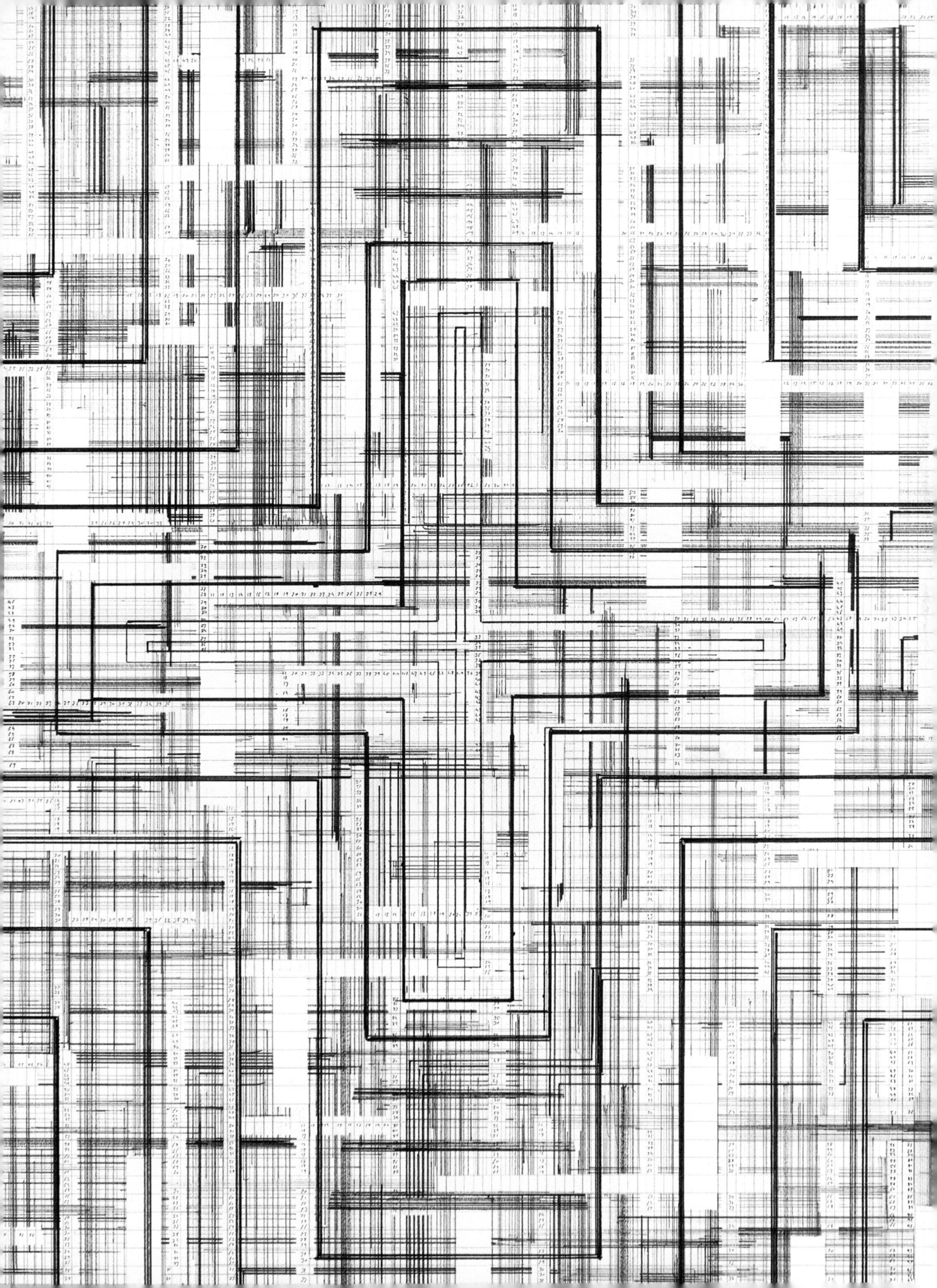

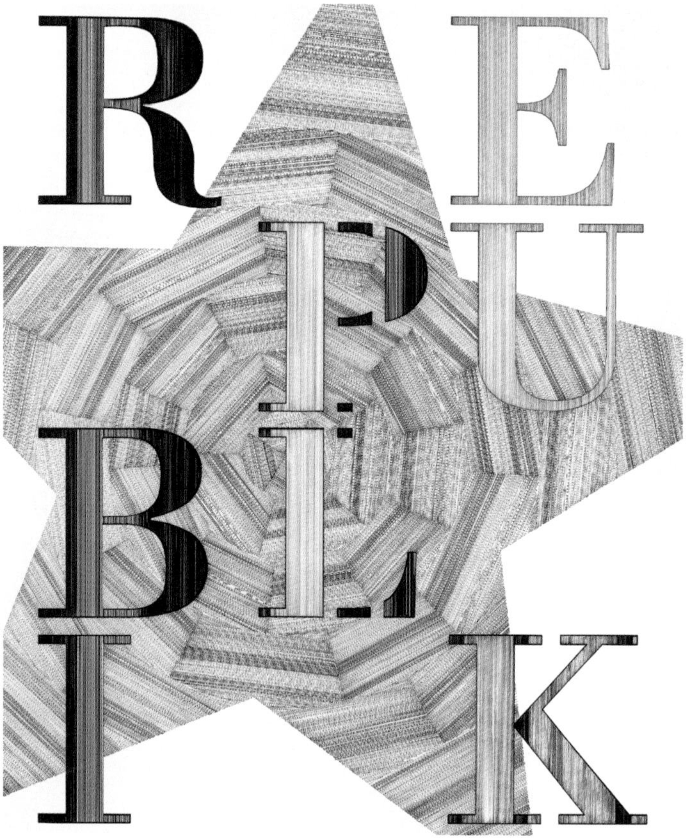

[51]

65

[52]

66

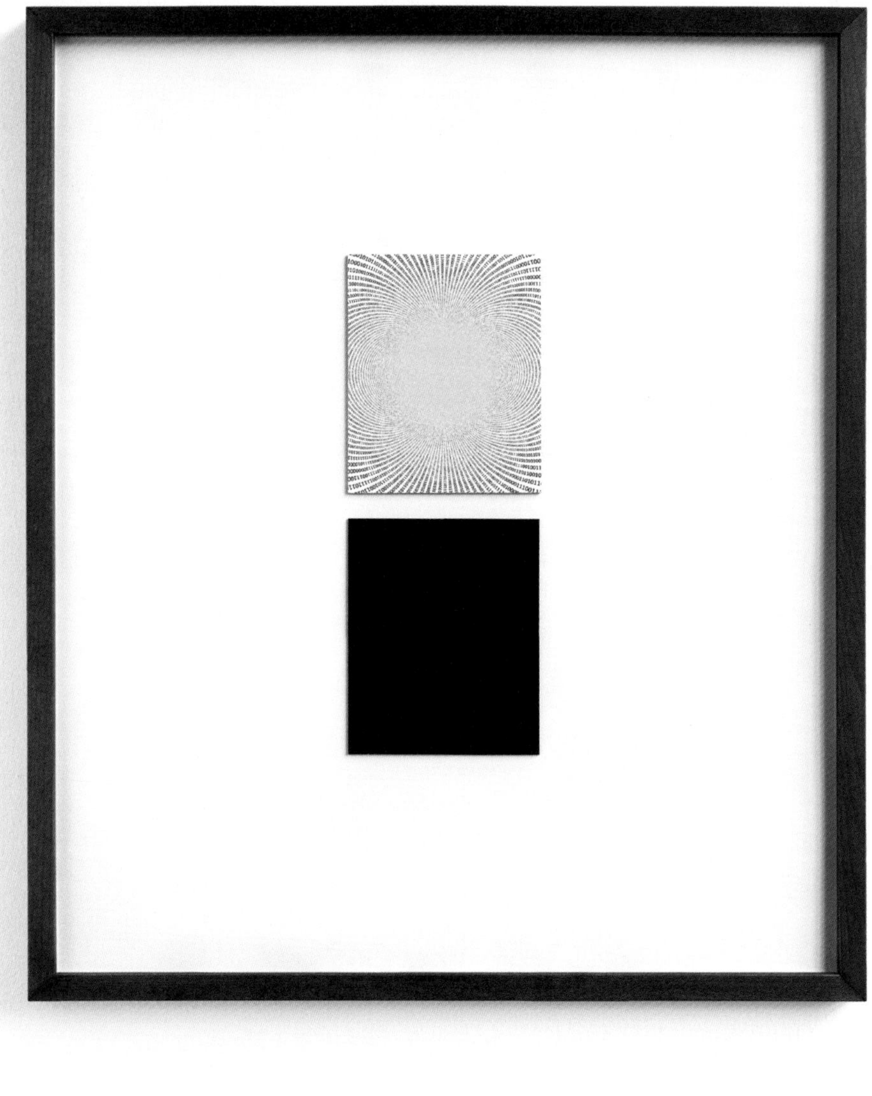

[53]

67

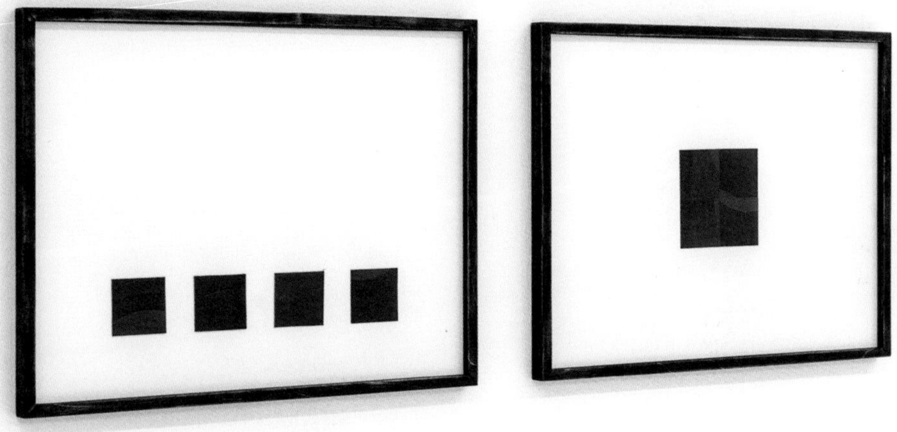

[54]

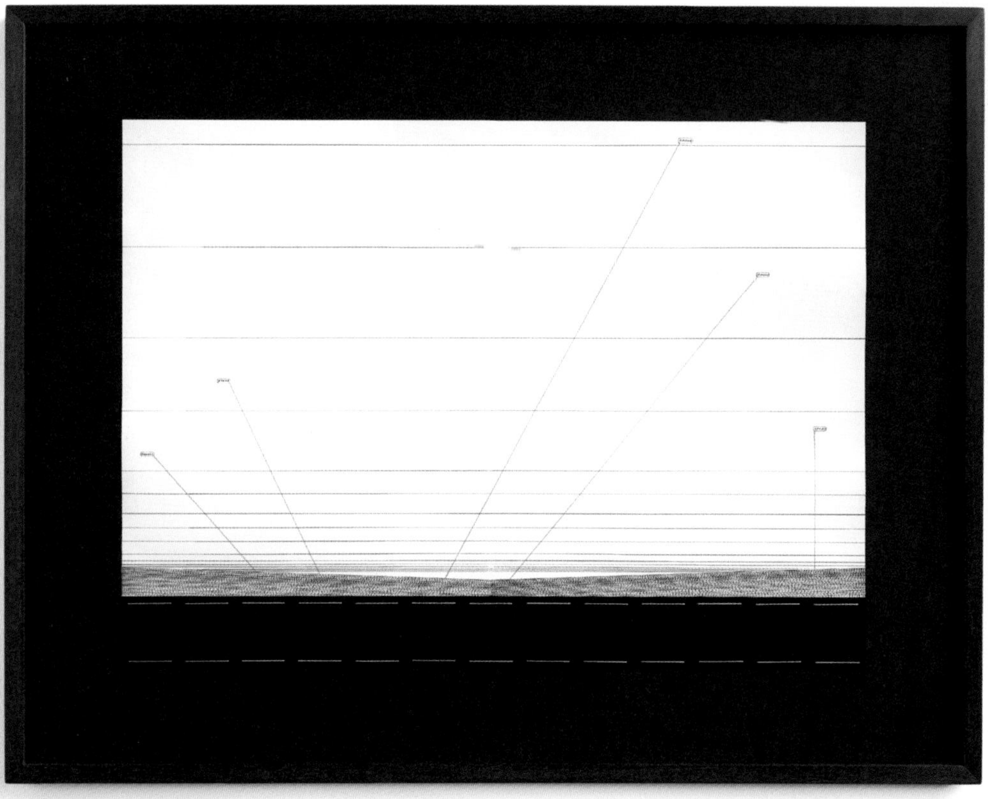

[55]

69

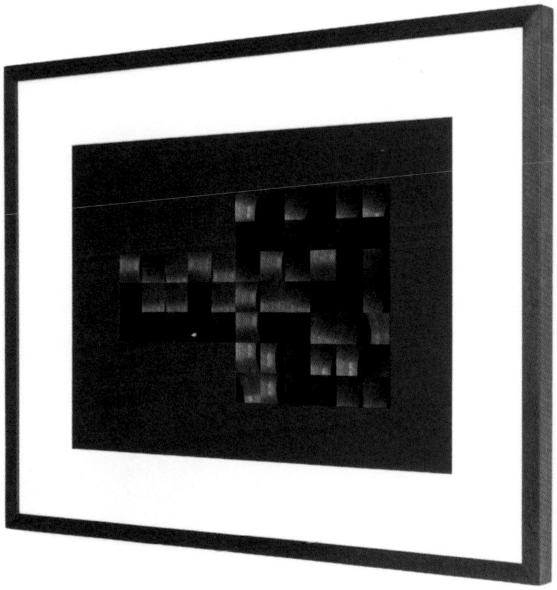

70

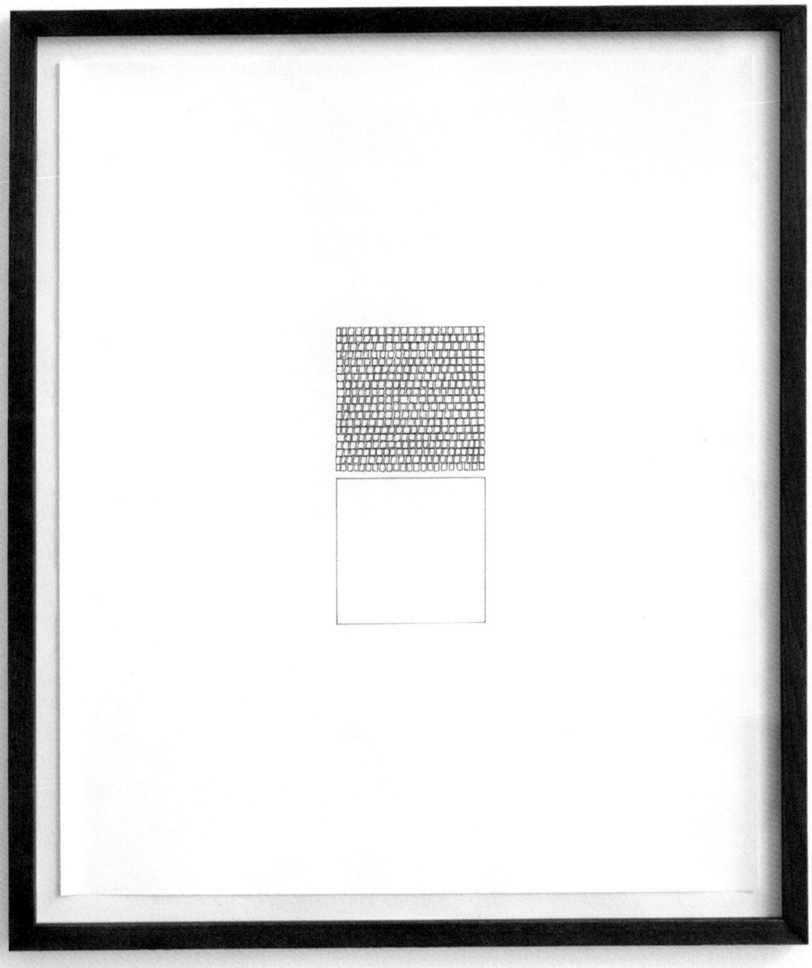

[59]

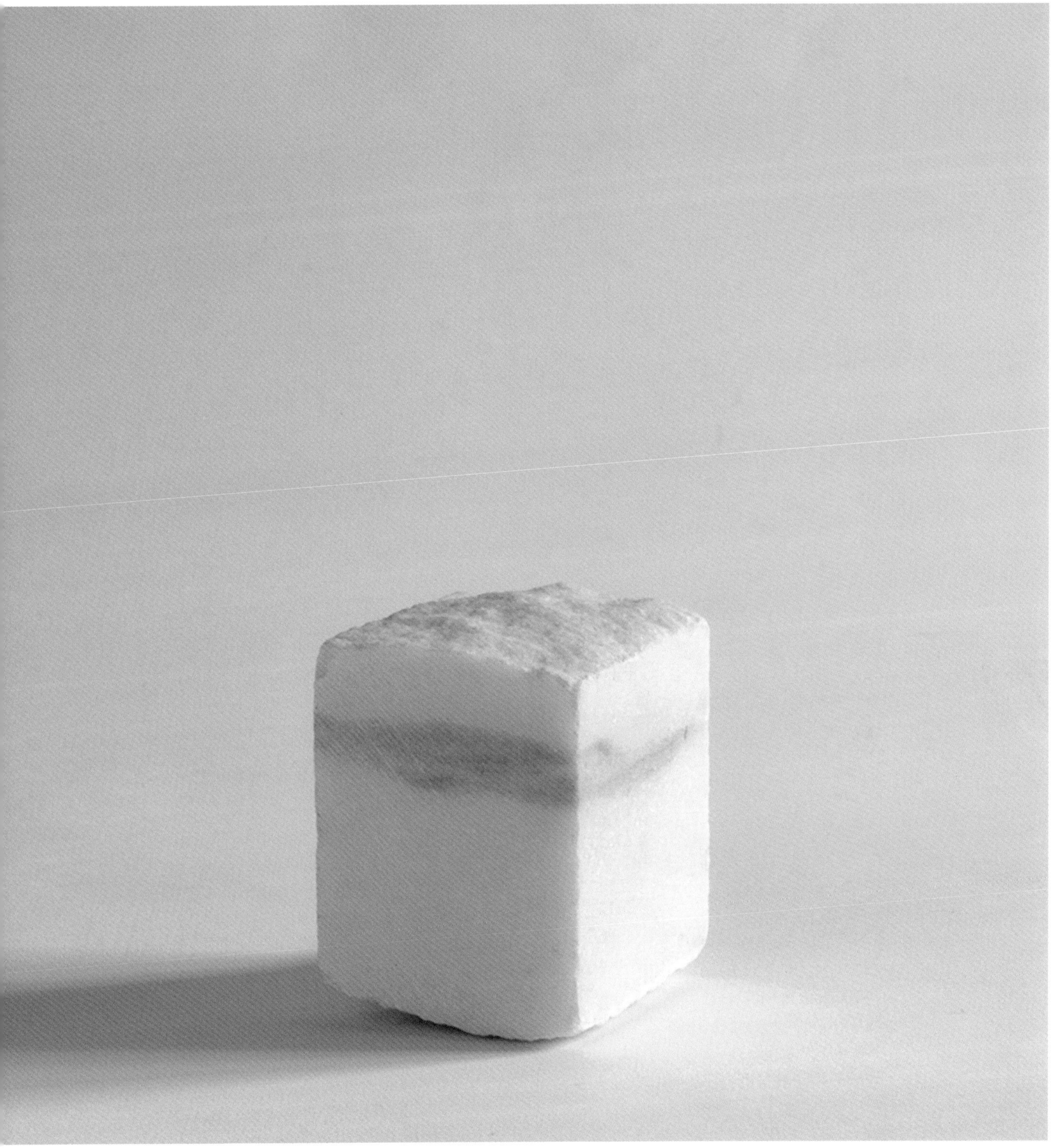

Index

Fußnoten *Footnotes*

[1] Eco, Umberto: „Wie man das Vorwort für einen Ausstellungskatalog schreibt. Ein Essay“, in: *Du. Die Zeitschrift der Kultur*, Bd. 44/5, 1984, S. 6–11.

[2] Aus Gründen der besseren Lesbarkeit wird auf die gleichzeitige Verwendung männlicher und weiblicher Sprachformen verzichtet. Sämtliche Personenbezeichnungen gelten gleichermaßen für alle Geschlechter.

[3], [4] http://www.unesco.ch/immateriel-les-kulturerbe-der-schweiz-liste-der-lebendigen-traditionen-ist-aktualisiert/, Onlinezugriff: 16.05.2018, 10:58 Uhr

[5] Das Plattenalbum *Mensch-Maschine* der Band Kraftwerk erschien 1978.

[6] *Computerwelt* erschien 1981.

[7], [8], [9], [10], [11] Braidotti, Rosi: *Posthumanismus. Das Leben jenseits des Menschen*, Frankfurt a. Main, 2014.

[12] Barthes, Roland (1967): „Der Tod des Autors“, in: *Texte zur Theorie der Autorschaft*, hrsg. v. Fotis Jannidis, Stuttgart 2000, S. 185–197.

[13] Stefan Steck: *Eine Ära geht zu Ende,* 27.04.2005, https://www.zeit-de/2005/17/tresor Onlinezugriff: 16.05.2018,

[14] Mann, Thomas: *Die Betrogene*, 1953.

Abbildungen *Depictions*

[1] Neumann Teldec DMM
Kupferfolien-Schneidemaschine
https://www.google.de/search?hl=de&q=direct+metal+mastering&tbm=isch&source
Onlinezugriff: 28.03.2019, 20:35 Uhr

[2] Schallplattencover
Mutter Europa EP, 2017
Papphülle
31 x 31 cm

[3] *Mutter Europa,* 2013
Kupfer
206 x 70 x 47 cm

[4] Technoclub
https://late-spaces.com/2017/02/24/inside-kievs-post-revolution-wave-of-underground-techno-raves
Onlinezugriff: 01.04.2019, 13:36 Uhr

[5] *Söhne Windung der Rille einer Schallplatte,* 2013
MDF schwarz
28 x 150 x 28 cm
Fingerhut, Messing verchromt
23 x 19 cm

[6] *Du musst dein Leben ändern,* 2017
MDF schwarz, Schriftfolie, Schallplatte, DJ-Plattenspieler, Elektrik, Ton
56 x 51 x 40 cm

[7] *Maschine,* 2015
Analoger Tonträger, Vinyl, Plattenspieler, Details
17 x 45 x 37 cm

[8] *Europa auf dem Stier,* 2018
In: Guérot, Ulrike: *Warum Europa eine Republik werden muss! Eine politische Utopie,*
Bonn 2016, S. 217

[9] *Industrie Instrumente,* 2019
Metall, Kunststoff, Holz, Elektrik, Membranlautsprecher, Ton
300 x 50 cm

[10] Tonabnehmer und Windung der Rille einer Schallplatte unter dem Mikroskop
https://blog.audio-technica.com/audio-solutions-question-of-the-week-surface-noise/
Onlinezugriff: 01.04.2019, 14:27 Uhr

[11] Juan Atkins, dessen Name mit den Worten „Legende Detroit“ und „Techno“ überschrieben wird
https://www.pinterest.de/undermad/fresh-dj-s/
Onlinezugriff: 01.04.2019, 14:38 Uhr
Pigmentdruck
30 x 40 cm

„Schreiben Unwirkliche Natur Nambikwara Linien“
https://pierredeleage.wordpress.com/2015/02/04/repartir-de-zero-33/
Onlinezugriff: 01.04.2019, 14:58 Uhr
Pigmentdruck 30 x 40 cm

[12] „Studio Taken Skudge Records“
Freie Recherche
https://www.google.com/search?q=Studio+Taken+Skudge+Records&source
Onlinezugriff: 01.04.2019, 15:12 Uhr

[13] *Entropie,* 2015
Papier, Tusche,
MDF
73 x 95 cm

Makroskopische Extraktion Windung der Rille einer Schallplatte, 2016
Blei, Holz, Elektrik, Ton
109 x 73 x 22 cm

Die Komödie um den Buchstaben, 2016
Holz, Metall
202 x 107 x 83 cm

[14] *Wirklichkeit der künstlichen Räumen,* 2016
Digitale Fotografie, Pigmentdruck
13 x 18 cm

[15] *Das leise Lesen,* 2016
Analoger Tonträger, Vinyl
31 cm

[16] *Verlustrechnung,* 2016
Schriftfolie
je 17 x 106 cm
Beton
24 x 7 x 11 cm
Holzrahmen
280 x 4 x 32 cm
Bock
je 73 x 39 x 76 cm

[17] *Verlustrechnung,* 2016
Schriftfolie je
17 x 106 cm
Glas
32 x 42 cm
Analoger Tonträger, Vinyl
31 cm
Digitale Fotografie, Pigmentdruck
13 x 18 cm
Holzrahmen
400 x 4 x 32 cm
Bock je
73 x 39 x 76 cm

[18] *Leere Schublade, als wäre sie nicht mehr von dieser Welt,* 2017
MDF, Metall, Elektrik
147 x 170 x 95 cm
Internetrouter
13 x 29 x 22 cm

[19] *Meter,* 2012
Digitalfotografie,
Pigmentdruck,
Alu-Dibond
130 x 96 cm

[20] *Error,* 2015
Analoger Tonträger, Vinyl, Elektrik
292 x 30 x 103 cm

[21] Fordismus-Bandmontage im Hanomag-Werk Hannover
https://wuebben-stiftung.de/fileadmin/media/pdf/schulleitung/praesentation/forum_schulleitung_Janssen_Protokoll.pdf
Onlinezugriff: 01.04.2019, 15:36 Uhr

[22] *Error,* 2015
Analoger Tonträger, Vinyl, Elektrik
292 x 30 x 103 cm

[23] *Digitale,* 2012
MDF, Metall, Lack
136 x 104 x 56 cm

[24] *Maschinenschrift,* 2013
Analoger Tonträger, Vinyl,
Collage
je 194 x 145 cm

[25] *Takt der Zeit,* 2013
Analoger Tonträger, Vinyl
10 x 10 x 10 cm

[26] *Neue Institutionen,* 2012
Tusche auf Papier
40 x 56 cm

[27] Europakarte von 1589
https://de.wikipedia.org/wiki/
Datei:Europa_Prima_Pars_
Terrae_in_Forma_Virginis.jpg
Onlinezugriff: 01.04.2019, 16:08 Uhr

[28] *Das Imaginäre Museum,* 2014
Analoger Tonträger, Vinyl, Collage,
Plexiglas, Metallschiene
je 55 x 69 cm

[29] *Gegenentwurf,* 2013
Analoger Tonträger, Vinyl,
Collage, Papier
81 x 101 cm

[30] *Das Mathematische Urteil,* 2014
MDF
197 x 30 x 30 cm

[31] *Der Moment der Einheit,* 2014
Bronze, MDF
132 x 203 x 56 cm

[32] *Barockbein,* 2008
Holz, Lack, Buchbinderkarton
171 x 36 x 36 cm

Gegenentwurf, 2013
Analoger Tonträger, Vinyl,
Collage, Papier
81 x 101 cm

[33] *Time,* 2013
Bronze
95 x 74 x 21 cm

Segel, 2013
Stoff, Plexiglas
122 x 36 x 36 cm

Der Ausweg, 2013
Digitale Fotografie, Pigmentdruck
30 x 40 cm

[34] *Fabrikwagen MAN Nürnberg,* 2010
Metall, Holz
18 x 28 x 40 cm

[35] Ausstellungsansicht
Galerie Sima, 2011
Sockel MDF, Tageszeitung
200 x 180 cm
Stuhl Nachbau Riemerschmid,
Buchbinderkarton
73 x 32 cm
Fingerhut Messing verchromt
23 x 19 cm
Mohnpflanze Messing
134 x 18 cm
Monitor Schuhfilm,
4:3 SD Video-Loop,
analoge Fotografie Matterhorn,
Pigmentdruck, Alu-Dibond
105 x 148 cm
Fabrikspind, Buchbinderkarton,
Elektrik
130 x 22 x 30 cm
Garderobe Metall, Stoff
164 x 32 cm

[36] *Logische Welt,* 2011
Digitale Fotografie, Pigmentdruck
je 80 x 80 cm

[37] *Analoge Welt,* 2012
Analoger Tonträger, Vinyl, Metall
168 x 60 x 60 cm

[38] *Konstruktion Dekonstruktion,* 2011
Digitale Fotografie, Pigmentdruck,
Alu-Dibond
80 x 50 cm
Metall, Holz, Papier, Sand
190 x 28 cm

[39] *Synapse,* 2009
Metall, Kunstoff, Lautsprecher,
Elektrik
226 x 52 x 52 cm

[40] *Industrie 4.0,* 2009
Metall, Holz, Kunstoff, Beamer,
Video-Loop, Elektrik
183 x 34 x 37 cm

[41] *Sehnsucht nach einer besseren Welt,* 2010
Gleis
300 x 45 cm
Readymade, Stuhl Nachbau Riemerschmid Buchbinderkarton, Sockel MDF
45 x 45 x 10 cm
Fingerhut Messing verchromt
23 x 19 cm
Mohnpflanze Messing
134 x 18 cm
Monitor Schuhfilm, 4:3 SD-Video-Loop, analoge Fotografie Matterhorn, Pigmentdruck, Alu-Dibond
105 x 148 cm

[42] *Lebens Wert Arbeit Fragen ohne Antwort,* 2018
Postkarte 10,5 x 14,8 cm
Schablone, Details 21 x 27 cm

[43] *Das Mobile Institut,* 2019
Leuchtkasten, Elektrik
32 x 19 x 5 cm
Pigmentdruck, MDF
163 x 38 cm
Tisch, Stuhl, Teppich
200 x 200 cm

[44] *Die Gesellschaft,* 2018
Papier, Tusche, gerahmt
132 x 187 cm
Leuchtkasten, Elektrik
32 x 19 x 5 cm
Tisch, Stuhl

[45] *Entropie,* 2015
Papier, Tusche, MDF
73 x 95 cm

[46] *Elektronische Götter,* 2015
Papier, Tusche, MDF
89 x 67 cm

[47] *Stons,* 2017
Papier, Tusche, MDF
94 x 71 cm

[48] *Wo einst eine Naturordnung wahr,* 2016
Papier, Tusche, MDF
78 x 98 cm

[49] *Bolte Zwiebel,* 2017
Papier, Tusche, MDF
97 x 78 cm

[50] *Silicium,* 2017
Papier, Tusche, MDF
86 x 68 cm

[51] *Republik,* 2017
Papier, Tusche, MDF
94 x 72 cm

[52] *Immaterialismus,* 2014
Papier, Tusche, MDF
34 x 28 cm

[53] *Analog Digital,* 2017
Pigmentdruck, analoger Tonträger, Vinyl
63 x 53 cm

[54] *Algorithmen,* 2012
Analoger Tonträger, Vinyl, Collage, Papier
je 40 x 56 cm

[55] *Das Europäische Gehege,* 2017
Papier, Tusche, analoger Tonträger, Vinyl
81 x 101 cm

[56] *Unsichtbare Städte,* 2013
Analoger Tonträger Vinyl, Collage Papier
122 x 104 cm

[57] *Technische Note,* 2013
Analoger Tonträger, Vinyl, Collage, Papier
25 x 19 cm

[58] *Zusammensein und Menge,* 2013
Papier, Tusche
63 x 53 cm

[59] *Erde und Welt,* 2015
Digitale Fotografie, Pigmentdruck
30 x 40 cm

Biografie
Biography

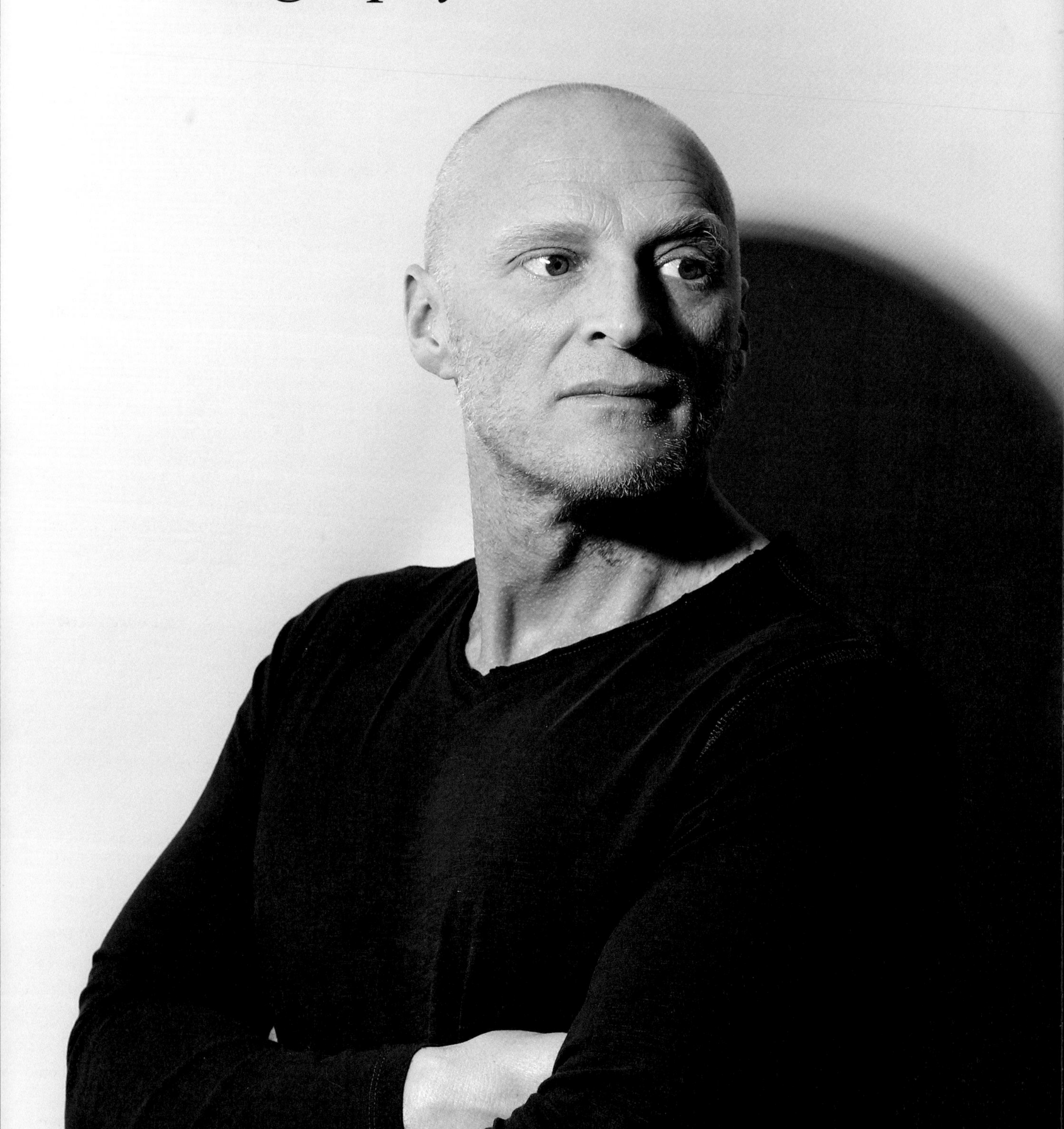

Foto: Sascha Dressler

Studium *Education*	2011 - 2013	2009 - 2011	2007 - 2009
	Kunstakademie Düsseldorf Bildhauerei bei Prof. Tony Cragg Meisterschüler	Akademie der Bildenden Künste Nürnberg Freie Kunst bei Prof. Heike Baranowsky	Akademie der Bildenden Künste Nürnberg Bildende Kunst bei Prof. Marko Lehanka

Auszeichnungen *Awards*

2018 Künstlerhaus Schloss Balmoral
Resident-Stipendium

Kunststiftung NRW
Katalogförderung *Opera Aperta*

2016 Nachwuchsförderung Kunst und Kulturstiftung
Stadtsparkasse Düsseldorf

2013 dHCS-Stipendium
Kunstverein für die Rheinlande und
Westfalen Düsseldorf

Atelier- und Ausstellungszentrum
Schloss Ringenberg
Resident-Stipendium

2011 LfA Förderbank Bayern
Katalogförderung zur Ausstellung
Institut, Galerie Sima

2010 Oskar-Karl-Forster-Stipendium

Sammlungen *Collections*

2018 Städtische Kunstsammlung der Stadt Neuss

2017 Stiftung Museum Kunstpalast Düsseldorf

Einzelausstellungen *Solo Exhibitions*

2017 *Denken der Neuzeit*
Ausstellungsraum Städtisches Atelierhaus
Neuss

2016 *Klangkörper*
Antichambre Hotel Friends Düsseldorf

Communication and Culture
Parkhaus im Malkastenpark Düsseldorf

2014 *Lyrische Noten*
Kunstverein Bochum

Zu den Sachen
Kunsthaus Essen

2013 *René Hüls*
Galerie Campoi München

Dyade
Kunstraum Gagarin Düsseldorf

2011 *Institut*
Galerie Sima Nürnberg
(Katalog)

Ausstellungen *Exhibitions*

2019 *Gestaltung der Zukunft*
Kunstverein Ludwigshafen

Gestaltung der Zukunft
Forum Alte Post Pirmasens

Gestaltung der Zukunft
Arp Museum Bahnhof Rolandseck (Katalog)

René Hüls
Made in Balmoral Bad Ems

2018 *LebensWert Arbeit*
Museum am Dom Trier

2017 *Vacuum in Layers*
FAR OFF Messe für Gegenwartskunst Köln

Strauss ist raus
Kunstverein 701 e. V. Düsseldorf

DIE GROSSE Kunstausstellung NRW
Museum Kunstpalast Düsseldorf

2015 *Daily Sounds all around*
Weltkunstzimmer HPZ-Stiftung Düsseldorf
(Katalog)

2014 *Reusing Old Graves*
Philara Sammlung zeitgenössischer Kunst
Düsseldorf

2013 *Art Since 2013*
Schloss Ringenberg

2012 *Die Außenwelt der Innenwelt*
Kunstverein Passau

2011 *Ted Green, René Hüls*
Raum für Vollendete Tatsachen Düsseldorf

2010 *Landscapes of Time*
Kunsthaus im KunstKulturQuartier Nürnberg

2009 *René Hüls*
Ausstellungshalle AdBk Nürnberg

2008 *Dunkelwerke 90480*
Lothringer 13,Städtische Kunsthalle München

Augen Blick 2,0 Mirroring China ONOFF-Forum
Universität der Künste Berlin

Utopie des Raumes-Päckchen für Kirgistan
Kyrgyz National Museum of Fine Arts,
Bishkek (Kyrgyzstan)

Impressum
Colophon

Texte *Texts*
Baharak Omidfard, Julia Reich

Übersetzungen *Translations*
Jefferson Burrowes

Lektorat Deutsch *Copyediting German*
Christiane Weidemann

Fotos *Photos*
Achim Kukulies, Melanie Stegemann, Jana Karima Stolzer, Stephan von Knobloch, Johannes Kersting

Lithografie *Lithography*
Jonas Gerhard

Gestaltung *Design*
Charlotte Rohde

Schriften *Typefaces*
Armand Grotesk von Charlotte Rohde
Times New Roman

Gefördert von *Funded by*
KUNST STIFTUNG NRW

Herausgeber *Editor*
KUNST HAUS ESSEN

Kerber Verlag
Projektmanagement *Project management*
Lydia Fuchs

Herstellung *Production*
Jens Bartneck

Die Deutsche Nationalbibliothek verzeichnet diese Publikation in der Deutschen Nationalbibliografie; detaillierte bibliografische Daten sind im Internet über http://dnb.dnb.de abrufbar. The Deutsche Nationalbibliothek lists this publication in the Deutsche Nationalbibliografie; detailed bibliographic data are available on the Internet at http://dnb.dnb.de.

Gesamtherstellung und Vertrieb / Printed and published by:

Kerber Verlag, Bielefeld
Windelsbleicher Str. 166–170
33659 Bielefeld
Germany
Tel. +49 (0) 5 21/9 50 08-10
Fax +49 (0) 5 21/9 50 08-88
info@kerberverlag.com

Kerber, US Distribution
ARTBOOK | D.A.P.
75 Broad Street, Suite 630
New York, NY 10004
Tel. +1 (212) 627-1999
Fax +1 (212) 627-9484

Kerber-Publikationen werden weltweit in führenden Buchhandlungen und Museumsshops angeboten (Vertrieb in Europa, Asien, Nord- und Südamerika). / Kerber publications are available in selected bookstores and museum shops worldwide (distributed in Europe, Asia, South and North America).

ISBN 978-3-7356-0609-9

www.kerberverlag.com

Printed in Germany